编委会

吴　丹　赵　鼐　张贵民

陈桂杰　石莉华　张　帆

袁丹丹　鲍　莉　冯　婳

核心素养与学校课程建设论丛

主　编　左　璜

副主编　吴晓昊　赵晓燕

核心素养为本的学校课程建设理论与实践路径

左　璜◎著

天津出版传媒集团

天津人民出版社

图书在版编目（CIP）数据

核心素养为本的学校课程建设理论与实践路径 / 左
璜著. -- 天津：天津人民出版社，2025. 1. --（核心
素养与学校课程建设论丛 / 左璜主编）. -- ISBN 978-7-
201-20658-5

Ⅰ. G632.3

中国国家版本馆 CIP 数据核字第 2024C4L361 号

核心素养为本的学校课程建设理论与实践路径

HEXIN SUYANG WEI BEN DE XUEXIAO KECHENG JIANSHE LILUN YU SHIJIAN LUJING

出　　版	天津人民出版社	
出 版 人	刘锦泉	
地　　址	天津市和平区西康路 35 号康岳大厦	
邮政编码	300051	
邮购电话	（022）23332469	
电子信箱	reader@tjrmcbs.com	

责任编辑	吴　丹	
装帧设计	卢炀炀	

印　　刷	北京虎彩文化传播有限公司	
经　　销	新华书店	
开　　本	710 毫米 × 1000 毫米　1/16	
印　　张	14.25	
字　　数	198 千字	
版次印次	2025 年 1 月第 1 版　2025 年 1 月第 1 次印刷	
定　　价	68.00 元	

总　序

　　欢迎您加入我们，探索以核心素养为本的学校课程建设之旅，本套丛书是我们与河南省郑州市中原区的课程改革实验学校共同完成的成果。我们聚焦未来，注重学生核心素养的培养，深入一线实践，通过理论研究和实践探索，重建学校课程体系。我们期待与您一起，共同推进教育现代化，助力学生全面发展。

　　每个孩子都是独一无二的存在，有着独特的梦想、才能及对世界的观察和认知。但在传统的学校教育模式特别是应试教育模式下，这些特质往往会被忽视或掩埋，使孩子们无法充分发挥潜能，也难以找到适合自己的学习之道。旨在促进孩子们发展的学校课程，也在追逐所谓"质量"的途中逐渐异化了，将学生的发展让渡给了规范的课程与学科知识，而真正充满生命力的孩子正在学校课程的场域中则被边缘化。孩子们为什么要学习语文，背诵积累甚至抄写那么多字词句？为什么要学习数学，做那么多题目？为什么要逼迫自己去背诵外语的词汇与语法？走着走着，大家都似乎忘记了我们一开始出发的那个地方。一切学校课程建设的出发点，都应该是源于学生的生命成长。我们需要重新审视，重塑课程教育，在保证教育质量的前提下，更加注重孩子的生命成长，构建一个真正适合孩子全面发展的学习环境。

　　因此，我们推动这个项目的初衷在于，建立育人为本的多元化课程体系,重新检视学校课程开发与实施的目的,重新回归学生发展核心素养来重新建构课程体系,回到儿童的世界本身,让孩子们在课程学习中发现问题、解决问题并实现自我价值。我们相信这种课程模式将会成为新时代发展的主流,培养更多未来的人才,为社会的进步贡献力量。

基于学生发展核心素养为本的学校课程体系建设究竟应该是怎样的?我们主张,必须深耕学校的文化场域,深挖学校的精神品质,传承学校的核心价值,充分建基于学校的特色之上。因此,这套丛书中的每一种课程体系,都彰显出了学校品牌特色与课程建设的完美融合。如外语特色学校建设了"融合课程体系"、足球特色学校建设了"脑体全优能课程体系"、新建校基于儿童的立场建设了"童年课程体系"、立足核心价值追求的学校建设了"美好教育课程体系",还有我们的幸福课程体系、"沁润课程体系"等等。无论是哪一种课程体系,都是融入了学校文化生命的一种课程理想,都是一种课程改革实践者努力实践的成果。

我们始终认为,学校课程体系建设是一个系统工程,是一个长期坚持的过程。回望每所学校在建设学校课程体系中的点点滴滴,在这个过程中,我们总是被各种人、各种事感动着。中原区的每所实验学校在推动核心素养为本的课程改革的过程中,始终追求品质、守归中原,学校的领导和老师们始终坚守初心,无所畏惧,敢于突破、敢于创新。我们并不满足于只在简单的国家课程、地方课程与校本课程之间徘徊,而是用"爱和专业",不断创新着新的课程路径、开发着新的课程内容,谱写着属于我们的课程故事。

每一次,在召开课程建设推进工作会议时,我们总会重申这样一个信念:"我们做课程,绝对不只是为了改革而改革,我们必须始终牢记,我们做这一切的目的,是为了每一个孩子的未来。我们的课程体系,必须始终以孩子为中心,以发展他们的核心素养为本,让孩子们能够真正面向未来,奠基幸福的人生。没有真正帮到孩子的课程,我们宁可不做。"正因为坚守这一信念,我们一直走到了今天。当然,还会继续坚定不移地朝着明天继续走下去。

核心素养究竟是什么？我以为，它是教育去适应时代变革的必然产物，是人类来到了信息化、智能化时代对教育目的的重新审视和定位。新时代给我们带来了许多机遇，也带来了许多挑战，其中对教育形成的最大挑战就在于不断爆炸式增加的教育资源、学习内容与学习者有限时间和精力之间所形成的巨大冲突。这种冲突直接带来的后果就是孩子们越学越多，越学越觉得时间不够用。大家似乎都被卷入了一个无法停止的教育漩涡中，学习任务一个接着一个，课程不断地在增加，而孩子们的学习时间早已饱和。因此，所有教育人都应该停下脚步，反思教育应该向何处去。基于对这一核心问题的思考，新一轮的课程改革提出了"核心素养"为本的理念，这一理念的核心思想就是"减负提质"。因此，核心素养为本的学校课程体系绝对不是随意做加法，而是科学地做减法。

为此，核心素养为本的学校课程体系建设，始终坚守一个核心——"课程"，以整体主义作为方法论基础，围绕课程建设，实现德育活动、校园文化建设、课程内容体系、教学过程、教师发展等全方位一体化的改革。在短短几年建设的过程中，我们的实验校、学校老师、孩子们都在不断飞速地发展，收获了成长的幸福，收获了创新的喜悦。

今天，这套凝结着无数课程人思想与行动的丛书即将付梓。作为丛书的主编，倍感欣慰。我想特别骄傲自豪地说，所有这些学校的特色课程体系建设，都是我们对教育的深思，都是我们对学校课程创新的一次大胆尝试，更是我们每所学校对教育理念的执着与坚持。这样的尝试，这样的探索与坚持，在一定程度上丰富和拓宽了我们的教育视野，更为我们未来进一步深化基础教育课程改革做出了示范。

最后，我想借此机会，向所有参与这个项目的领导、老师和学生们表示深深的感谢，是你们的付出和努力，使得这个项目得以实现，使得这套丛书得以诞生。

"教育是一场长跑，我们需要的不仅是速度，更需要的是方向。"是的，这套丛书就是我们在这场长跑中，对方向的思考、探索与坚持。我相信，这套丛书的出版,不仅仅是我们这群热爱教育的人探索核心素养为本学校课程建设的阶段性成果,更是一种能够点燃无数未来想要继续探索学校课程建设人梦想的力量。

2023 年 6 月 28 日
撰写于华南师范大学

序

在当前教育领域,随着时代发展和社会变迁,我们面临着前所未有的挑战和机遇。大数据、人工智能等信息技术的快速发展,致使传统以知识传授和技能训练为主导的教育模式逐渐被追求变革型、创新型人才的教育模式所取代。与此同时,全球化时代的到来使得学校课程建设面临着前所未有的挑战,需要更加注重跨文化交流与合作,以培养具有全球视野的人才。在核心素养导向下,学校教育也需要更加注重培养学生的批判性思维、创新性思维和社会责任感,以适应未来社会的需求。有鉴于此,左璜教授及其团队在对传统的教育观念、课程体系以及教学方法予以深刻反思的基础上,以"看见完人"为目标,坚持"整体育人"的课程理念,采信课程行动研究的方法,深入一线实践,与诸多中小学共同合作,探索了一条以走向核心素养为本的学校课程建设之路。本书就是这一理论研究与实践探索的成果。我有幸先读此书,愿将初步阅读体会与大家分享。

"看见完人"是一种先进教育理念,是学校课程建设之根。在"看见完人"的理念下,学生既是整体发展的人,又是独特的人。"整体发展的人"意味着学生的发展是整体的、有机的,而不是片面的、机械的。在核心素养导向下,学校课程建设的目标之一是培养学生的问题解决能力,让学生在协作解决问题的过程中掌握知识与技能。与此同时,核心素养为本的学校课程建设还应该引导学生形成正确的价值观念和道德品格,为成为有社会责任感的公民打下坚实基础。"独特的人"意味着每个学生都有自己的潜能和特长,学校应该致力于发掘和培养每个学生的潜能和优势,注重因材施教,让他们在未来发展的道路上找到属于自己的发光点。

"整体育人"强调教育的整体性和系统性,为学校的课程建设提供了基本的指导方法。在这一方法的引领下,学校的课程建设逐渐走向整体性,不再是分散孤立的学科体系,而是一个相互关联、有机统一的课程体系。在课程体系内部,整体育人强调课程之间的内在联系和相互融合,打破学科壁垒,将不同学科的内容进行有机融合,让学生在跨学科的学习中提升综合素养。在课程体系外部,学校应以课程建设为育人理念的核心,进而借助网络效应,将这一理念延伸至各个子网络。通过构建以课程为联结点的多个子网络,如课程评价、课程实践、学校文化与理念构建、教师专业发展以及家校社协同育人等,学校可以打造一个完整的教育生态网络。

"行动研究"是学校课程建设的基本路径。与传统的学校课程建设路径不同,行动研究推动下的学校课程建设赋予教师参与者和决策者的地位,而非游离于学校课程建设的局外人。通过深入课堂观察学生、反思教学,不断总结经验教训,教师能够立足学校特色,融合学科教学目标,设计和实施更符合学生发展需求的学校课程体系。这种课程行动研究路径不仅可以提升课程的品质,也有助于促进学生核心素养的发展。除此之外,行动研究对于教师专业发展具有积极影响。在行动研究过程中,教师需要不断学习新知识,掌握新技能,形成独特的教育教学风格,从而进一步提高自身的专业水平,发展教师核心素养。

由此观之,本书的出版,无疑是对当前素养本位课程改革的有力支持和宝贵贡献。左璜教授团队基于长达六年的实践探索,深入剖析了核心素养教育的理论基础,提出了整体主义的学校课程建设理念。这种理念强调,课程建设不仅仅是课程内容的编排和教学方法的选择,更重要的是如何在课程设计和实施过程中贯彻育人为本的原则,实现学生个性化发展和综合素养的提升。本书融入了丰富的实践案例,展示了如何将核心素养融入课程内容、教学活动和学校文化之中,构建以学生为中心的学习环境等的方法策略。这些案例不仅为学校课程改革提供了可行的路径和方法，也为广大教师提供了宝贵的参考和启示。

　　我自1999年初就开始参加国家基础教育课程改革，一直持续到今天。在二十五年的历程中，我深知课程改革的艰巨性和复杂性，同时坚信通过全社会的共同努力，特别是教育工作者的不懈探索和实践，我们一定能够构建出更加适应时代发展需求的教育体系。本书的出版，正是这一过程中的重要成果体现。

　　我衷心希望，本书能够激发更多教育工作者对课程改革的思考和探索，引发教育界更广泛的讨论和实践，共同推动我国教育事业的发展与进步。让我们携手共进，为培养具有核心素养的未来新人而不懈努力！

张华

杭州师范大学教育科学研究院教授

2024年6月9日

目　录

第一章 核心素养是学校课程建设的基因

教育是人类求生存、求发展所不可或缺的生活经验。教育与人类生活的进步是息息相关的,而课程则是教育活动的主要工具与方法之一,其价值实属重要(贾馥茗,1985)。以今日而言,教什么可以说是用什么来作为教育内容,这是属于课程的问题(黄光雄,蔡清田,2002)。另一方面,从课程关系到国民的角度来说,学校教育工作是一项社会专业,而这项专业是针对全体国民的培育而准备,既然国民是国家的主体,欲使这些国民趋向于理想的变化,那么用什么课程来使国民达到理想的境地,便成为一项极为重要的教育工作。由此可见,课程乃呈递人类理想与延续人类生活的教育媒介,有其不容忽视的重要性。因此,课程设计便成为达成教育目标的重要过程与方法(黄光雄,蔡清田,2009)。①

学校课程建设和设计的核心,在于培养国民的核心素养。国民核心素养是当前联合国教育科学文化组织、经济合作与发展组织以及欧盟等国际组织与发达国家所强调的课程改革重点。国民核心素养一般是指国民于18岁完成后期中等教育时,能在社会文化脉络中,成功地回应情境的要求与挑战,顺利完成生活任务并获致美好的理想结果之所具备的核心素养

---

① 黄光雄,蔡清田.核心素养:课程发展与设计新论[M].上海:华东师范大学出版社,2017:55–56.

1

（陈伯璋，等，2007）。这种国民素养可当作未来规划学校课程发展之基础，并作为未来规划K-12年级课程纲要之参考。由此可见国民核心素养之于国民发展的价值和意义。

第一节　核心素养是什么?

一、核心素养的历史发展梳理

(一)国际背景

二战结束后，世界各国转向发展经济，经济迅速凸显为各国发展的中心。20世纪60年代以来，在促进经济增长的各种因素中，人力因素显得越来越重要。在此背景下，在美国经济学会第73届年会上，著名经济学家西奥多·舒尔茨首次提出了人力资本理论（Human Capital Theory）。他认为，人们拥有的知识和技能是资本的一种形式，是人力资本。这一理论很快便受到了教育改革者们的青睐，成为西方发达国家及很多发展中国家制定教育政策的理论基础。可以说，"在20世纪60、70年代的10多年时间里，相当多的教育改革完全是以人力资本理论为指导的"[1]。以人力资本理论为依据，世界各国开始制定各自的教育发展战略。为了更好地监测和评价教育投资的效益，国际教育成就评估协会于1995年、2001年先后启动了"国际数学与科学研究动向"项目和"促进国际阅读素养研究"项目。随后，经济合作与发展组织于1997年发起国际学生评价项目。此后，各个国家也随之发起了本国的学生学习素养评估项目，如美国的"国家教育进展评估"项目。与之相应的，学生的素养（Literacy）[2]作为人

---

[1] 吴忠魁，张俊洪.教育变革的理论模式[M].成都：四川教育出版社，1988：117.

[2] 这里的"literacy"并非狭义上的读写能力，而是广义上的包含科学、阅读、数学等一系列基本知识及技能的素养。

力资本的核心评价指标也逐渐成为教育改革实践与教育理论研究的焦点。

与此同时,随着国际格局的变化,第三世界的教育改革与发展以及世界范围内的教育公平也成为国际关注的热点。1990年,由联合国发起了全民教育运动(The Education for All Movement)。这一运动旨在为世界上所有儿童、青少年和成年人提供基本水平的教育。①2000年,联合国教科文组织正式发布了《达喀尔行动方案》(The Dakar Framework for Action),在其中提出了六大目标:①扩大和提高对早期儿童的关怀与教育,尤其是那些弱势儿童的教育;②确保到2015年,所有儿童包括女童都能接受完整的义务小学教育;③确保能够满足所有青年和成年人平等地获得参与生活技能学习的机会;④截至2015年,保障有50%的成年人文化素养得到提升,尤其是妇女能够平等地获得基本的继续学习机会;⑤到2015年实现性别公平,保证女孩获得高质量的基础教育;⑥提升教育质量的方方面面,确保各方面的高品质。因此,需要能够认可和评估到所有人在读写、算数以及基本的生活方面的技能。可以看到,为了实现国际范围内的教育公平,如何评估学生的基本学习素养,包括读写、数学以及其他生活技能方面的素养等,以及进一步如何引导学生去发展学习素养,都是有待进一步探索和研究的问题。

(二)国内背景

1997年,教育部正式启动了由"应试教育"向"素质教育"转向的教育改革。在《关于当前积极推进中小学实施素质教育的若干意见》的通知中,当时的国家教委提出:"素质教育是以提高民族素质为宗旨的教育。它是依据《教育法》规定的国家教育方针,着眼于受教育者及社会长远发展的要求,以面向全体学生、全面提高学生的基本素质为根本总宗旨,以注重培养

---

① UNESCO. Education for all[EB/OL][2024-9-21].http://www.unesco.org/new/en/education/themes/leading-the-international-agenda/education-for-all/the-efa-movement/.

受教育者的态度、能力,以促进他们在德智体方面生动、活泼、主动地发展为基本特征的教育。素质教育要使学生学会做人、学会求知、学会劳动、学会生活、学会健体和学会审美,为培养他们成为有理想、有道德、有文化、有纪律的社会主义公民奠定基础。"①随后,理论界关于素质教育的讨论也开展得如火如荼。发展至今,尽管关于素质教育的内涵以及定义一直未有定论,但已获得公认的是,素质教育的理论基础是马克思、恩格斯关于"人的自由全面发展"的理论。它包括人的自由发展和全面发展两个基本维度,素质结构则包括科学文化素质和人文文化素质。②当这样的素质教育真正走向实践深处时,有两个核心问题必须明晰:究竟培养学生的什么素质?如何培养这些素质?然而,随着研究的推进,"素质"具有先天性意味,这一内涵特质阻碍了素质教育研究的进程,"素养"这一概念则逐渐取代"素质"而进入了课程与教学改革研究中。2001年颁布的《义务教育阶段语文课程标准》明确提出要培养学生的语文素养。2010年,在《教育部关于深化基础教育课程改革进一步推进素质教育的意见》中,"全面提升学生的科学、人文素养"③作为目标再次被明确提出。

与此同时,受国际上教育改革和理论研究的影响,我国也逐渐接受了国外较为统一的素养概念,开启了有关学生素养的系列研究。1998年美国学校图书馆协会颁发了《学生学习的信息素养标准》,这一标准的译介迅速引发了中国学界关于"信息素养"的研究热潮。与此同时,与国际研究同步,国内也逐渐开始关注和研究学生的科学素养、数学素养、阅读素养、媒介素养、网络素养等。

---

① 国家教委.关于当前积极推进中小学实施素质教育的若干意见[S].教办〔1997〕29号.

② 杨叔子,余东升.素质教育:改革开放30年中国教育思想一大硕果——纪念中共中央国务院《关于深化教育改革全面推进素质教育的决定》颁布十周年[J].高等教育研究,2009(6):1-8.

③ 中华人民共和国教育部.教育部关于深化基础教育课程改革进一步推进素质教育的意见[S].教基二〔2010〕3号.

二、核心素养的时代特征归纳

经济合作与发展组织在1997年启动了21世纪核心素养框架的研制工作,2003年出版了最终的研究报告《指向成功人生与健全社会的核心素养》(*Key Competences for a Successful Life and a Well-Functioning Society*)。该书直接使用了"核心素养"一词,其为旨在培育学生适应全球化、知识经济与技术变革时代要求的综合素养,以实现个体和社会的共赢。书中提到,学生发展核心素养的内容包括三大部分,分别为运用多种工具互动、为异质群体交流互动和开展自主行动,要求学生能够掌握运用交流合作、解决问题与冲突和看大局行动的能力。

受到经济合作与发展组织的影响,欧盟于2002年3月发布研究报告《知识经济时代的核心素养》。2006年12月,欧洲议会和欧盟理事会通过了关于核心素养的建议案——《指向终身学习的核心素养》(*Key Compe-tences for Lifelong Learning*),其中包含多个维度。如母语交流、外语交流、社会和公民能力、文化意识与表达,这四项核心素养体现了在全球化浪潮下公民应该拥有的合作精神和包容的心态,积极与周围世界互动的能力;数字能力与科学技术能力则突出体现了随着互联网和大数据时代的到来,公民需要具备的信息化素养;学会学习和主动意识、创新精神这两项核心素养则是公民个体适应未来社会、实现个人成功的自主行动能力。

此外,联合国教科文组织在2013年发布了《走向终身学习——每位儿童应该学什么》主题报告,报告中提到教育需要做出转变,应由工具性目标(把学生培养成提高生产率的工具)转变为人本性目标(学生情感、智力、身体、心理诸方面的潜质与素质都能通过学习得到发展),同时,报告指出,提高教育应从身体健康、社会情绪、文化艺术、文字沟通、学习方法与认知、数字与数学、科学与技术等七个维度的核心素养展开。

世界各国也纷纷探索具有各自国家特色的学生发展核心素养内涵和相关框架,如美国在2002年正式启动21世纪核心技能研究项目,创建美国21世纪技能联盟(简称P21),努力探寻那些可以让学生在21世纪获得成功的技能,建立21世纪技能框架体系。2007年美国世纪技能联盟公布了世纪核心技能框架体系,主要包括学习与创新技能(创造力与创新、批判性思维与问题解决、交流沟通与合作),信息、媒体与技术技能(信息素养、媒体素养、信息和通信技术素养),生活与职业技能(灵活性与适应性、主动性与自我导向、社会与跨文化素养、效率与责任、领导与负责)等维度,并且采用标准与评价、课程与教学、教师专业发展和学习环境等四大支持系统,作为美国在21世纪核心素养实施的基础。同时,英国、法国、澳大利亚、日本等国也在积极探索适合各自国情的核心素养内涵。

以上关于核心素养的培养方案和内涵界定体现了21世纪核心素养的时代特征,表明随着全球化的深入发展、科技的日新月异、社会日益多元化、世界联系日益加强,所有人才的培养有着共同的目标,即要培养自信、终身学习、实现个体成功和社会发展共赢的能力,以适应21世纪新形势的发展。

从国外视角转移到国内,我们不难发现,核心素养的提出都指向了一个重要问题——21世纪需要培养什么样的人?基于此,2016年《中国学生发展核心素养》发布,它指出,"学生发展核心素养"主要是指学生应具备的、能够适应终身发展和社会需要的必备品格和关键能力。核心素养以培育"全面发展的人"为核心,综合为文化基础、自主发展、社会参与三个维度。文化基础包括人文底蕴和科学精神,自主发展指向学会学习和健康生活,社会参与涵盖责任担当和实践创新。

"学生发展核心素养"的提出和对其认识上的不断深化是基于全球化的不断深化、产业升级和科技发展的日新月异以及对人才培养的要求不断提高为背景的,其内涵有明显的时代特征,又因为各国国情不同,各自产生了独特的内涵和价值。总而言之,"学生发展核心素养"的内涵与时俱进是时代的要求,也是未来学生培养方向转型的必由之路。

三、核心素养的本质内涵阐述

关于素养概念的理解和界定至今未有定论。为了更好地开展有关学生素养的研究,我们有必要对"素养"这一概念的发展历程及其内涵进行一下梳理。

在汉语中,素养包括两种含义。其一,修习涵养。《汉书·李寻传》:"马不伏历(枥),不可以趋道;士不素养,不可以重国。"《后汉书·刘表传》:"越有所素养者,使人示之以利,必持众来。"宋陆游《上殿札子》:"气不素养,临事惶遽。"郭沫若《洪波曲》:"他虽然是一位经济学专家,而对于国学却有深湛的素养。"其二,平素所供养。[1]在《现代汉语词典》中,素养指的就是平日的修养。[2]由此看来,素养在汉语中可涵括两个层面的意义:一是动态意义上的修习过程,一是静态意义上的修习结果。

在英语中,难以找到和中文意义上的"素养"完全对等和匹配的词条。目前,国内公认的是将英文词汇"literacy"译成"素养"。从词源上考察,literacy源自中世纪英语"literals",这一词汇又源自拉丁语"litura",由其派生的词有:literally(逐字地)、literary(文学的)、literate(有文化的)、literacy(识字、有文化)、literature(文学)等。由此看来,literacy既与文字有关,也与文化有着密切的关系。正因为如此,《简明不列颠百科全书》中就将literacy定义为两个层面:一层指学者有学识、有教养;另一层指有文化,能够阅读和书写。[3]事实上,在英语国家中,literacy的内涵是随着时代的变迁而变化和拓展的。据《韦氏大词典》的考查,literacy最早出现于1883年,只限于描述极少数精英分子的"有文化",即能够阅读和书写。因而,在狭义上,literacy在英语世界中一直都指的是读和写的能力。然而,随着时间的推移,literacy有了更为丰富的内涵。一方面,它逐渐拓展为指称一个人受教育的状况,是人类活动的有机组成,在人的思想、语言、学习、历史过程和社会生活中留下深深印迹。[4]另一方面,它又逐渐更新了内涵,从单一的读

---

① 罗竹风,主编.汉语大词典[M].上海:汉语大词典出版社,1997:5617.

② 现代汉语词典(第5版)[M].北京:商务印书馆,2005:1302.

③ 转引自韩金荣.基于中学生地理空间素养培养的GE运用策略研究[D].东北师范大学,2009.

④ 谢徐萍,等.Literacy:一个生态学的隐喻[J].学术论坛,2007(6):186-190.

和写的能力延展为涵括网络素养、媒介素养、信息素养等在内的"新素养"①。

综合国内外已有关于素养概念的阐释,归纳起来,大致可以从以下四个方面来对素养予以理解:

第一,素养概念有狭义和广义之分。狭义的素养与文本的识读、写作与表达紧紧联系在一起。21世纪,狭义上的素养又拓展为对一系列能力灵活而持续地掌握,这些能力表现为以口头、书面和多媒体等形式来使用、创作传统文本和新的交流技术。②联合国教科文组织对此有着较为清晰的定义:"素养指的是在各种情境中识别、理解、创造、交流、计算和使用印刷或书写的文字材料的能力。"③简而言之,狭义上的素养与识读文本、写作与表达紧紧联系在一起。广义的素养概念在具体层面指的是一组包含读写能力、计算能力、基本生活技能等在内的适应社会生活的能力,宏观层面上则指称个体在科学、人文方面的综合表现。

第二,素养概念是不断发展变化的。传统意义上的素养指的是读、写、算的基本能力。④伴随着"觉悟启蒙"运动的兴起,素养概念逐渐与公民权、文化身份、社会经济发展、人权与公平等内容联系起来。⑤1990年在联合国《全民教育的世界宣言》中提出了人的"基本学习需要"(Basic Learning Needs),随后又提出了四大教育支柱——学会求知、学会做事、学会共处、学会生存(做人),这就将素养的基础性与人的终身学习沟通起来了。可以

---

① New Literacy[EB/OL][2024-9-21]. https://en.wikipedia.org/wiki/New_literacies.

② Australian Government. *Literacy Literature Review for Evidence Based Practices Frame - work*[M]. Department of Education and Training , 2010:2-3.

③ UNESCO. Plurality of literacy and its Implications for Policies and Programmes[S]. 2004: 13.

④ UNESCO. Plurality of literacy and its Implications for Policies and Programmes [S]. 2004:8.

⑤ 保罗·弗莱雷的觉悟启蒙运动观点主要体现在他的著作《被压迫者的教育学》中,指的是个体通过教育过程增强对社会不平等和压迫的意识,从而追求自我解放。只有当个体意识到自身处境,才能采取行动改变它。

说,素养是一个开放性的结构,是一种综合性形态要求。[①]

　　第三,关于素养一般结构的看法,主要存在三种观点:二元说、三元说和多元说。从素质教育出发,我国学者一般习惯于将人的素养分为两大组成部分:科学素养和人文素养。它常见于各种政府文件和文献中,以涵指素质教育的目标。我们把这种观点称为二元说。在国际上,基础教育课程改革均以读(Reading)、写(Writing)、算(Arithmetic),即3Rs为基础。1998年,德安布罗西奥(U. D'Ambrosio)又提出了新的素养三元说,它包括读写素养(Literacy)、数学素养(Matheracy)和技术素养(Technoracy)。[②]尽管三元说已经融入了现代的技术素养,然而它始终囿于传统的素养概念之中,还停留在消除文盲的基本价值层面。当前,随着经济的发展与文化的繁荣,世界各国范围内都掀起了素养教育的热潮,素养的内涵也得到了拓展,围绕培养完整的人,传统的"读、写、算"发展为适应新社会生活的各种知识、技能、意识和精神品质,包括阅读素养、数学素养、科学素养、理财素养、音乐素养等(见图1-1)。

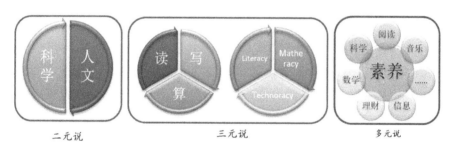

图1-1　关于"素养"结构的不同学说

　　第四,素养概念既包括结果,也包括过程。换句话说,素养既是静态意义上学习结果的表征,又包含着动态的学习过程,在汉语中早已蕴含这一

[①] 马云鹏,李广,刘学智. 新课程理念下学科素养评价研究[M]. 长春:东北师范大学出版社,2007:2.

[②] D'Ambrosio, U. Literacy, Matheracy, and Technoracy: A Trivium for Today[J]. *Mathematical Thinking and Learning*, 1999, 1(2): 131–153.

双重含义。其实,在国际上,如美国的国家教育统计中心就将科学素养定义为"对科学概念的理解和知识,还包括决策、参与公共文化事务以及经济生产的过程"[1]。由是观之,素养并非仅仅是一种直接可观察的学习结果,还内涵学习的过程与经历。只不过,由于人们为了更好地监控和测评教育的质量,从而将学生的"素养"静止化,进而将其剖分为各个组成要素,进而予以测量和评估。

第二节　核心素养在学校课程建设中的基础作用

一、基于核心素养的学校课程建设:回应国家育人目标的要求

党在宏观层面对我们国家教育的培养目标提出了全局性的要求,即"培养德智体美劳全面发展的社会主义建设者和接班人",党的十八大报告指出:"坚持教育为社会主义现代化建设服务、为人民服务,把立德树人作为教育的根本任务。"党的十八届三中全会又进一步强调:"加强社会主义核心价值体系教育,完善中华优秀传统文化教育,形成爱学习、爱劳动、爱祖国活动的有效形式和长效机制,增强学生社会责任感、创新精神、实践能力。"而"核心素养体系是党的教育目标的具体体现,是连接宏观教育理念、培养目标及课程与教学目标的关键环节,也是建构科学的教育质量评价体系、推进教育问责的重要基础和依据"[2]。

教育目标是根据一定社会的政治、经济、生产、文化科学技术发展的要求和受教育者身心发展的情况确定的。它反映了社会对受教育者的要求,是教育工作的出发点和最终目标,也是确定教育内容、选择教育方法、检查和评价教育效果的根据。我国现阶段的教育目标是:"全面贯彻党的教育

[1] Scientific Literacy[EB/OL].[2024-9-21].http://en.wikipedia.org/wiki/Scientific_literacy.
[2] 林崇德,主编.21世纪学生发展核心素养研究[M].北京:北京师范大学出版社,2016:3.

方针,以提高民族素质为根本宗旨,以培养学生的创新精神和实践能力为重点,造就'有理想、有道德、有文化、有纪律'的、德智体美劳等全面发展的社会主义事业建设者和接班人。"十八大以来,党中央、国务院多次强调把立德树人作为教育的根本任务,研制中国学生发展核心素养的根本出发点是立德树人,立德树人是发展中国特色社会主义教育事业的核心所在。①只有构建好中国化的学生发展核心素养体系,才能系统落实党的教育方针。

中国学生发展核心素养的研究始于2014年,至今已经接近十年,在这个过程中研究人员始终坚持回应时代的需求和国家的育人目标。而当前面临着一大难题:学生发展核心素养如何落地? 解决的方法是紧密地与国家育人目标以及学校课程结合在一起。基于核心素养的学校课程建设的目标是与国家的育人目标有着密切的联系。如国家育人目标强调人的全面发展和综合素质的培养,基于核心素养的学校课程建设旨在培养学生的全面素质,涵盖了学习能力、认知能力、创新能力、文化意识与价值观等方面;国家育人目标重视对多学科知识和能力的要求,期望学生形成全面的知识结构和体系,基于核心素养的学校课程也重视对学生的跨学科能力与意识的培养;国家育人目标强调学生的实践能力和应用能力的提升,从而将所学的知识应用到实际情境中,基于核心素养的学校课程建设则通过创设实践环境等方式助力学生提高实际的操作能力和创新思维;国家育人目标强调培育学生的社会责任感、民族精神和社会主义核心价值观等内容,基于核心素养的学校课程重视学生的文化教育、道德教育和公民教育等内容,从而培养学生树立正确的价值观。

总之,基于核心素养的学校课程建设能够有效回应国家育人目标的要求,通过全面素质培养、跨学科学习、综合实践导向等方式,培养新时代的学生,为国家的可持续发展和社会的进步做出贡献。

---

① 林崇德.构建中国化的学生发展核心素养[J].北京师范大学学报(社会科学版),2017(01):66–73.

二、基于核心素养的学校课程建设：适应学校教育教学的现实

学校教育指的是在正式的学校或教育机构中进行的系统化、有计划的教育过程，通常由专业教育者或教育机构提供。通常来讲，学校教育包含课程、教师、学生、课堂教学、评估与考试等组成部分。学校教育的核心职能是为学生提供必要的知识和技能，培养他们的思维能力、解决问题的能力和社会交往技能。学校教育是培养能够适应未来需要的人才的重要途径之一，这一核心定位在千年的历史发展中几乎没有改变。时间回溯到古希腊和古罗马时代，学校和学校教育制度的确立目的是培养知识阶层和社会的领导人；在中世纪的欧洲，承担主要学校教育的是宗教机构、教会学校等，目的是为社会源源不断地输送宗教人才；近现代的几次工业革命推动了学校教育的发展，教育开始强调人文主义和科学，普及教育的运动也开始兴起，各国开始建立普及性的公共教育系统，人们也逐渐能够接触到过去只有贵族才能享受的教育资源，这也表明了学校教育的平民化和大众化。而随着现代社会变得日益复杂，学校教育又承担着三个比较重要的职责：一是简化和安排所要发展倾向的因素，并适当地安排学习的先后顺序；二是将现有的社会习俗净化并理想化；三是创造一个更加广阔和更加平衡的环境，使学生不受原来环境的限制。①

我国的学校教育在不同历史时期经历了不同的变化和演进。古代的学校主要是官办，秦汉时期的最高统治者实施了一系列的教育政策，包括设置太学、培养官员和士人。隋唐时期，官学体系完备，例如国子监等，主要用于培养政府官员。宋元时期的学校教育得到了进一步的发展，儒家教育占据了主导地位，学生在学校中主要被教授经典文化和儒家思想。时间进入近代，中国的学校教育受到了国外教育的影响，新式学堂、外国教材和教育方法等带有现代教育色彩的元素在学校教育中蓬

---

① 约翰·杜威.大教育书系 民主主义与教育[M].魏莉,译.武汉:长江文艺出版社,
2018:18-19.

勃发展。新中国成立后,我国进行了大规模的基础教育普及,以确保每个孩子都能够接受到基本的教育,这在很大程度上提升了中国人平均的受教育水平。

从以上阐述可知,各国学校教育都是基于时代大环境,以较为宏观的视角看待学校教育的。但这似乎与当代的分科制学校教育有较大出入,产生这一变化的主要原因是:在理论研究层面,学科研究始于战后美国关于地区层面研究,不断演化为对不同社会科学的研究,并推向全球。[①]在实践层面,战后社会环境的风云变幻以及科技发展的日新月异也呼唤着社会科学的不断创新,华勒斯坦认为:"任何一门学科(或较大的学科群)都必须以学术要求与社会实践的某种特殊的、不断变化的融合为基础。"[②]进入新时代,社会分工更加细致化,对人才培养提出了更高的要求,因此分科制的形成与发展存在一定的历史必然。此外,分科制的形成创造了一个"书写中心主义"的世界,这个世界建立起新型教学和学习方式,促成了学科规训制度的转变。"每个人都要学习不同的学科,以接受纪律规训",一切的事物都能够被量化,世界也通过量化的方式联结起来,至此"书写中心主义统治着这个世界"[③]。

当前我国无论是在义务教育阶段还是高中教育阶段,学校课程的实施方式都是通过分科教学来确定的。不可否认的是,分科教学存在一定的合理性,如教师可以更加专注特定学科的辅导,更有时间和精力研究自己所教授的学科内容,从而提高教学效率和质量,为学生提供更优质的指导;同时,学生也可以在自己感兴趣或擅长的科目上进行更多的探索,获得更多的知识和技能,并开展个性化学习。

---

① 华勒斯坦,等.开放社会科学 重建社会科学报告书[M].北京:生活·读书·新知三联书店,1997:41.

② 华勒斯坦等.开放社会科学 重建社会科学报告书[M].北京:生活·读书·新知三联书店,1997:53.

③ 华勒斯坦(I.Wallerstein),等.学科·知识·权力[M].北京:生活·读书·新知三联书店;牛津大学出版社,1999:76-77.

但是,分科教学也已呈现出一定的缺点,如它极大地增加了学生的学业负担,在义务教育阶段,学生要面对多门学科的考试、作业和复习,在时间或者是身心方面都会感受到疲惫;此外,分科教学可能会导致学生过于专注单一学科,缺乏对其他学科的综合理解和能力培养,这有可能影响学生的综合思考能力和跨学科学习的能力。同时,分科学习往往是按照固定的学科框架和课程进行,学生更多地注重记忆和应试,从而缺乏自主思考、创新和探索的机会,不利于学生创造性思维的发展。最后关于课程评价,分科学习可能会导致评价过于单一化,每个学科的老师都只关注学生的应试表现,而忽视了其他方面能力的培养,这不利于学生的全面发展和个性的挖掘。

要改善学校教育教学的事实,就需要用到马克思主义教育思想的指导。马克思主义关于人的全面发展学说的基本思想是:人的发展与社会生产发展是一致的。其基本理论主要有:①人的全面发展是与人的片面发展相对而言的,全面发展的人是精神和身体、个体性和社会性都得到普遍、充分而自由发展的人;②现代大工业生产的高度发展必将对人类提出全面发展的要求,并提供全面发展的可能性;③人朝什么方向发展,怎样发展,发展到什么程度取决于社会条件;④从历史发展的进程来看,人的发展受到社会分工的制约;⑤教育与生产劳动相结合是实现人的全面发展的唯一方法。

从马克思主义关于人的全面发展学说中,我们不难发现,分科教学是受到社会分工的制约和影响产生的,因为教育所培养出来的人最后都需要投入社会的大生产当中。但随着时代不断发展和对劳动力要求不断提高,分科教学显然已经很难适应发展的需求。由此可见,需要对学校课程建设进行改革,强调学生发展的核心素养和学生的跨学科学习能力,才能够培养出面向未来的合格的学生。

三、基于核心素养的学校课程建设:促进学生个人发展的需要

从发展心理学的视角来看,人的全面发展强调个体在身心、认知、情感和社会等多方面的健康成长和完善。[①]对于处于义务教育阶段的学生而言,身心发展是全面发展的基础,包括保持良好的身体状态和情绪状态,从而更有效地面对学业上的挑战和压力。认知发展则要求学生发展思维能力、创造力、解决问题的能力和批判性思维等,学生不断累积和应用所学知识,做到知识储备的增加和能力的提升。情感发展则要求学生有着一定的情绪体验和表达、情绪管理的能力、情感智力的培养以及建立良好的人际关系等。社会发展则期待学生能够适应未来社会的变化,培养个体的社会技能、合作精神、领导能力和公民意识等,从而为社会的发展作出积极的贡献。

而前文提到,分科教学对学生的发展所产生的负面影响,导致了学生发展的分裂,不利于培养德智体美劳全面发展的学生。这是因为分科教学是基于传统意义上的学校课程建设逻辑的。通常来讲,传统意义的学校课程建设逻辑强调教育目标、学科基础、年级和年龄段等要素。从教育目标来看,不同的学科有各自的教育目标,旨在培养学生不同的知识、技能和能力,并且不同学科之间所提出的教育目标出入过大以至于无法融合。学科基础指的是课程通常会以学科为基础,比如数学、语言、体育等领域。学科基础以学科知识为核心,课程建设就是要确保学生在各个学科中都取得均衡发展。年级和年龄段也是课程建设的一大考虑要素,课程的设计需要考虑学生的年龄以及发展阶段,因为每个阶段的学生都有特定的认知和情感需求,需要根据学生的实际情况进行调整。以上原因使得分科制在当今学校教育中仍处于主流地位,但改革的需求也日渐高涨。

核心素养是指学生在知识、情感、价值观等方面的发展,从而培养学生具备自主学习、职业发展和社会参与所需的能力。从学生个人发展的角度

---

① 林崇德.发展心理学[M].杭州:浙江教育出版社,2002:5.

出发,学校课程建设应当以核心素养为指导,通过有针对性的教学活动,促进学生在不同领域获得全面的发展。与分科教学不同,基于核心素养的课程建设及教学强调走向整合和融合,因此在核心素养概念的指导下,许多有别于分科教学的教学方式如雨后春笋般产生。在整体教学层面,基于大单元的教学意在打破学科之间的壁垒,将不同学科的知识融入大的体系和框架中,激发学生的创新思维,使学生在学习知识的过程中实现知识的迁移,能够做到举一反三,以至融会贯通。在培养学生的实践能力层面,更进一步地提出了跨学科项目式学习,以解决实际问题为切入点,重点增强学生关心现实问题的意识,提升学生解决难题的能力。

第三节　核心素养在学校课程建设层面的转化与表征

一、课程建设层级目标分析

在新的时代背景下,提升国民素质、培养创新人才成为中国教育的重要使命,也是中国教育现代化的主旨性要求。提升国民素质、培养创新人才,在本质上是现代化的问题。经过比较研究和综合分析国内外情况,本书强调以培养"全面发展的人"为核心,从文化基础、自主发展、社会参与三个方面展开,强调人文底蕴、科学精神、学会学习、健康生活、责任担当、实践创新这六大基本点。它们是中国21世纪现代人素养的清单,为国民素质提升指明了基本方向,是中国学生亟待发展的重点素质,是深化素质教育的优先选项,为推进教育现代化确定了战略重点。[①]核心素养是创新、理性、民主、合作、自主等精神的外显行为的表现,是对三维目标、全面发展、综合素质等的聚焦强化和升级转型,为教育教学改革提供了重点更突出、

---

① 褚宏启.核心素养的国际视野与中国立场——21世纪中国的国民素质提升与教育目标转型[J].教育研究,2016,37(11):8-18.

焦点更集中的教育目标,为转变学生学习方式、教师教学方式、政府和学校的管理方式指明了方向。[①]

　　但对大多数基层教育工作者而言,核心素养的外延和内涵还是过于抽象以至无法真正理解它的价值。因此,从课程建设的目标出发,看核心素养在各个层次的表现,有助于更好地体会其对于多方的意义。党的十八大明确提出"落实立德树人根本任务""培育和践行社会主义核心价值观"。就学校教育而言,社会主义核心价值观是新时期的教育方针,对于课程目标的确定与选择具有重要的指导意义。但它是无法直接拿来设计课程,因此仍需要确定面向所有学生的核心素养,然后根据学生的核心素养研究各学科的育人功能,确定学科目标,即通常说的学科核心素养、内容标准。在学科目标下面还需要设定教学目标层,即校长或教师在教育现场依据教育目的或学科目标,结合自己对学情的研究与判断,制定相对具体的、清晰的目标,为后续的教学与评价的展开提供纲领性、引领性的框架(见图1-2)。[②]

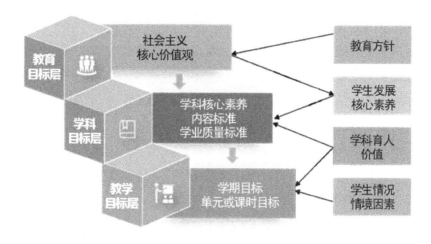

图1-2　课程目标层级图

① 褚宏启.核心素养的概念与本质[J].华东师范大学学报(教育科学版),2016,34(01):1-3.
② 崔允漷.追问"核心素养"[J].全球教育展望,2016,45(05):3-10+20.

从图1-2中不难发现,每个层次的目标都有其独特的表现形式,上到国家层面的社会主义核心价值观,下到每个学期的目标或者是课时目标。对于处于中层的核心素养,正是国家在教育层面的目标具体到学校发展目标的表现,又因为各个学校有着各自的办学特色和办学情况,其学校的核心素养表现形式也变得丰富多彩。

二、课程建设在学校层面的阐释

(一)课程目标与课程内容的选择

课程与教学论专家泰勒在其《课程与教学的基本原理》的导言部分提出编制任何一种课程,都必须回答四个基本问题:一是,学校应该追求哪些教育目标(即课程目标)? 二是,我们应该提供哪些教育经验才能达到这些目标? 三是,这些教育经验如何才能有效地加以组织? 四是,我们如何才能确定我们正在实现这些目标?[1]这四个问题贯穿课程设计的始终,为课程设计者提供了方向性的指导。

从学校应该追求的教育目标出发,泰勒认为学校在设定教育目标前,首先要了解学生目前的状况,再将这种状况同标准进行比较,从比较中看出差距,而这个差距就是学生的"需要",也就是学校课程应该追求的目标。这个目标同时也是核心素养为本的课程建设的起点,即描绘所培养的学生的形象。

郑州市中原区各学校在开展课程建设的过程中,坚持以国家课程为基础,地方课程为补充,开发出独具特色的校本课程。以郑州市中原区外国语小学(以下简称"外国语小学")为例,外国语小学构建的融合课程(MELT课程)文化建设让国家的育人目标变得更加具体化,课程体系建设让三级课程更加立体化。从育人目标来看,外国语小学的目标是培养具有民族精神和

---

① 拉尔夫·泰勒.课程与教学的基本原理[M].施良方,译.北京:人民教育出版社,1994:01.

国际视野的现代学子,从办学目标来看,它致力于打造具有卓越影响力的开放型国际化外国语小学。为此,学校领导班子将育人目标进行细分,拆解为学生需要具备的五大能力,即:灵活多变与健康力、国际视野与领导力、自我管理与自控力、智慧化身与好奇力、社会责任与合作力(见图1-3)。这五大能力既与宏观的国家育人目标相匹配,同时也与学校的育人目标相吻合。

图1-3　MELT学生核心素养

在课程建设方面,MELT课程的创新点在于以儿童立场和学生需求为中心,打破分科教学中的学科壁垒,将学科内容重组,凸显学校的外语特色。其中,ME课程是通过跨媒介的双语阅读,创造性的双语表达,实现文化融通和智慧共享。L课程通过培养学生的国际意识和创新精神,提高中英文表达能力,涵养高雅的生活情趣。T课程注重学生"做中学""创中学"和"研中学",落实新课标"让学生创造着长大"的核心理念。

郑州市第六十九中学(以下简称"六十九中学")在将核心素养融入学校课程建设的行动中做足了充分的前期准备。校领导班子积极参与区教育局建立的课程体系建设与整体变革创新实验项目。在专家团队的帮助下,组成了优秀教师带领的微团队,制定课程改革推进方案,厘清课程开发思路。随后开展科学的调研和数据分析,了解当前学校课程建设的现状和最大困难。随后,通过各种培训和沙龙活动,微团队完成了新课程标准解读,梳理各学科教材的知识能力点等活动,找到了跨学科课程开发的切入点,共同提升课程设计的能力。

基于学校特点,六十九中学着力推进"幸福教育"校园文化建设,期待将学生培养成为幸福少年。"幸福少年"是阳光健康、淳朴踏实、有志有趣、学有所成等优秀品质的集合体。"幸福少年"拥有发现美好的明眸,拥有追求理想的执着,拥有尝试探索的勇气。在培养幸福少年的过程中,重视培育学生的五大核心素养。校方认为,学生的"核心素养"指学生应具备的适应终身发展和社会发展的必备品格和关键能力,突出强调个人修养、社会关爱、家国情怀,更加注重自主发展、合作参与和创新实践。经过长期实践和充分论证,学校将"幸福少年"学生发展目标提炼为"关系感""归属感""发展感""获得感""自我实现感"五大核心素养,这五大核心素养体现了六十九中学"培养孩子获得幸福的能力"的办学理念(见图1-4)。

图1-4 "幸福少年"五大核心素养

幸福少年的培养与幸福课程的实施息息相关。六十九中学教研团队将课程领域分为健康与审美、人文与社会、科学与创作、理想信念四大板块。其中健康与审美课程对应的国家课程是体育、音乐和美术等,人文与社会对应的是语文、英语、地理等,科学与创作对应数学、物理和化学,理想信念对应道德与法治和历史。学校开设"幸福艺动""文化品牌""科学玩转生活""研史铸梦"等课程,最终实现培养学生获得幸福的素养的目标。

郑州市中原区淮河路小学(以下简称"淮河路小学")以学校核心文化"润"为中心,打造沁润教育特色品牌。校方以"让每一个生命绽放光彩"为办学理念,以培养德高(淳朴厚德、责任担当)、睿智(开放创新、勤于实践)、行雅(崇真尚雅、科学审美)、体健(身体强健、人格健全)的学生为育人目标,基于核心素养,建构沁润教育课程体系(见图1-5)。沁润课程分为润心、润智、润体、润行四大部分,以课堂教学为依托,教师在授课时重视互动交往、动态生成和情感体验,通过创设情景、巧设问题、合作探究、交流分享、拓展延伸的流程,从而实现"1-3-5"的沁润课堂形态。

图1-5　沁润教育学生核心素养

(二)教学实施方法的选择

布鲁纳的发现学习理论表明,学生的学习过程是一个积极主动的过程,学习者不是被动地接受知识,而是通过把已获得的知识结构和新获得的知识连接起来,主动地构建知识体系。此外,学生学习的最好动机是对学习本身感兴趣。因此,为了能够增加MELT课程对学生的吸引力,教师将课堂教学规范化,将MELT课堂分为阅读、思维、表达和实践四大板块。根据教学目标创设合适的活动情景,激发学生的学习兴趣,MELT课堂教学流程从融趣阅读开始,教师引导学生培养融汇思维,随后进行融思共研,最后以融创表达结束,从而达到师生融享学习生活的状态。

教师的教学方法同时也深受研究性学习理论的影响,从狭义上说,研究性学习指的是学生在教师的指导下,从生活中选择研究主题,在研究过程中主动获得知识、运用知识、解决实际问题的学习活动。学生以问题为线索,以解决问题的方法为指导,进行主动探索,并且通过分工协作、共享已知信息、相互讨论等得出最终的学习成果。外国语小学的MELT课堂聚焦学生必备的核心关键能力,建构以学生为中心的课堂形态,教师积极鼓励学生与他人对话,通过实践、讨论、合作和探究等学习方式,不断提升学生的能力。

淮河路小学的实践也遵循以上理论的指导。沁润课堂的教学流程旨在激活学生的潜能,吸引学生的参与。具体而言,主要分为五大流程。一是,流程在于创设情境和情感沁入,教师根据教学内容、结合学生的年龄特点和认知特点创设教学情境,激发学生积极的情感因素,让学生能始终沉浸在乐学、善思的学习氛围之中。二是,流程能巧设问题,思维沁润。教师根据本节课的教学目标设计问题,有效激发学生思维,提高课堂教学效率。设计问题的核心在于有明确的目的性、针对性、启发性,能够结合学生实际,突出学生主体地位。三是,流程是合作探究和活动沁润。教师发布活动任务后,引导学生开展小组合作学习,共同探究活动任务,在问题动机的驱动下,学生积极参与其中,教师则充当指导者的角色。四是,流程是交流分享,体验沁心。学生在小组探究活动中梳理出解决问题的策略后,进行交流分享,锻炼学生的语言表达能力、对话能力和展示自我的能力。五是,流程是延伸迁移,价值沁润。教师通过合理的创设拓展延伸内容,引导学生进一步掌握知识,重视方法的落实,帮助学生更好地做到"做中学、用中学、创中学",最大程度地发挥每一次拓展延伸的价值,将价值转化为学生的素养,使教学有清晰的核心素养走向,从而实现学生素质教育的全面发展。

三、课程评价模型与策略

课程评价是学校教育教学工作的重要组成部分,不仅能够为教师提供相关教学效果的反馈信息,帮助他们了解学生对课程的学习情况以及课程设计的有效性,还能够帮助教师调整教学策略、改进教学方法,从而提高课程质量和教学效果。

从多元主体理论的视角看,学校课程评价体系的建构层次多样、系统复杂,牵扯到多方面,其主体就是评价中不同身份的代表者。重构原有的课程评价体系,并不断对其进行设计与再设计具有重要意义。一是重构多元主体之间的关系和角色,以新的方式共同完成课程评价;二是注重多元主体以平等的地位共同参与到课程评价中;三是在各个主体中极力寻求协作的连接点和兼容接口,优化课程评价体系的结构,搭建分层分类的评价体系;四是探索多元主体动态、协商、参与的机制,切实增强课程评价的实效。[①]

MELT课程不断更新以适应学生的成长,外国语小学教研团队设计出MELT课堂教学评价量表,以量化的方式测评教师上课的质量和学生吸收学习的程度,该量表将课堂实施过程分为"M信息获取""E沟通表达""L实践素养"和"T思维素养"四个部分,评价主体为教师和学生,教师为主学生为辅,解释各项指标及基本表现的要求,并进行赋分,总分为一百分。该量表能够较为直观地呈现出课堂教学的整体水平和不足之处,供教师和学校领导参考(见表1-1)。

---

① 贾小鹏,胡晓云.多元主体理论视域下中小学教师培训协同创新研究[J].教育观察,
　2020,9(23):33-34.

表1-1 MELT课堂教学评价量表

授课教师＿＿＿＿＿＿＿ 科目＿＿＿＿＿＿＿ 年级＿＿＿＿＿＿＿ 日期＿＿＿＿＿＿＿

课堂实施过程	主体	各项指标及基本表现	分值	得分
M信息获取	教师	根据教学目标,教师能围绕主题,为学生选择和设计优质的教学资源(包括绘本、听力材料、视频、歌曲、数据等)	5	
		教师能创设情境,恰当引导学生集中注意力进行观察(文本或事物等),从而精准地获取相关信息	5	
		课堂上,教师能根据教学目标,适时提供给学生海量的信息,帮助学生提升信息获取的素养	5	
	学生	学生在课堂上能关注并获取有效的信息,同时通过各类活动表现出搜索和处理信息的素养	5	
E沟通表达	教师	教师能运用准确而生动的语言(鼓励使用英语)清晰地向学生传达教学目标和任务	3	
		教师能采用启发式等方式及时反馈大部分学生的表现和回答	3	
		教师能创造平台和机会,让学生与学生之间展开交流和合作	4	
	学生	学生在课堂上能全情参与小组合作学习,并在小组学习中积极表达观点,有效开展合作	5	
		学生能将当堂所学内容进行有效表达与展演(板演)	5	
	师生	师生互动交流频繁且有深度,包括眼神、语言、思想等方面的交流和互动	5	
L实践素养	教师	能根据教学目标科学创设情境或任务,给学生搭建实践创新的场域或活动(占重要比重)	15	
		根据教学条件巧妙地设计实践活动,最大限度地激活学生的学习潜能	5	
	学生	主动而热情积极地参与到各项应用实践活动中,注重创新	10	
	师生	在学生实践过程中,针对学生出现的问题,教师能及时进行示范和引导,达到共同进步	5	
T思维素养	教师	教学过程清晰,能设计层层递进、具有一定深度、广度的问题来激活学生的思维	5	
		提供平台和创设机会,激发学生自主提问和质疑	10	
	学生	围绕重点问题能积极思考,敢于发表自己独到的见解和看法	5	
		能主动就学习内容进行思考,提出问题	5	
总 计				

六十九中学以多元主体理论为基础,对学生开展过程性评价。为此,六十九中学建立了相应的评价体系,该评价体系基于STS-BIP评价模型进行构建,分别从学校、教师、学生三个层面进行评价(见图1-6)。在STS-BIP评价

模型中,学生层面是核心,教师层面是支撑,学校层面是结果。教师和学生层面的具体评价指标围绕着"过程体验""特殊素养""基本素养"等三个方面,相对应的学校层面从"过程性指标""特殊质量指标""基本质量指标"来评价。

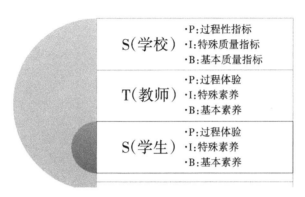

图1-6　STS-BIP评价模型

　　在评价的过程中,校方重视评价主体的多元化。因为在以往的课程评价中,课程评价的主体往往是教师,学生往往没有提出意见或建议的渠道。为此,学校积极建立多主体的评价机制,课程评价的主体不仅包括教师、学生、教育行政领导,也包括公众和社会各界人员。特别是在关于学生综合素质和学业水平的评价中,校方会更加重视调动学生自评的积极性和主动性。

　　关于评价方式,过去的评价方式会显得单一片面,不能客观反映学生的全貌以及课程实施的真实效果,针对该问题,六十九中学将自评、班评、家评和师评相结合,在大数据的分析技术的帮助下,快速分析学生学习状况的变化并推送个性化的评价报告,同时也能让教师适时调整教学进度,为开展有针对性的教学提供帮助。

　　评价的最终目的是能够激励被评价对象向着更高品质的层次不断努力。对于教师来说,课程评价有助于激励教师专注自我持续成长,不断更新教育理念和学习方式等,从而促进教学技能以及师德师风水平的不断提升;对于学生而言,课程评价有利于培养学生的自我发展和目标实现的自我成就感,提升学生的学习能力、交流与合作的能力等等,对学生是一种积极的引领;对学校而言,课程评价可以促进教育目标的实现,准确地反映教育的实际状态,推动教育改革的进行,有利于教学和教育质量的提高,促进教育管理的科学化。

第二章 整体主义哲学:学校课程建设
的方法论基础

作为认识世界的一种方法论哲学,还原论凭借其还原高层次为低层次、以部分看整体的理论特点受到哲学、科学等领域的重视,也一直主导着教育世界的各项改革。然而,随着还原论带来的孤立性和单一性等弊端逐渐暴露,人们开始寻找一种更加系统的、整体的、联系的方法论哲学。其中,整体主义哲学主张用整体的观点认识世界和解决问题,并强调整体是联系的、动态的、感知的,以整体推动事物的发展。这种方法论哲学被逐渐应用到各个领域,成为指导不同领域发展的重要理论基础。在整体主义哲学视阈下,学校课程建设既要注重课程目标、内容、评价等方面的整体发展,更要将学校文化建设、德育创新、课堂教学变革、教师专业发展、课程开发等一系列工作实现整合,进而实现学校教育的整体变革。

第一节 整体主义哲学的缘起与发展

自近代科学兴起以来,还原的方法论在自然科学中盛行。人们把自然界解剖和分离为各个“部分”:一方面,许多新的学科得以诞生;另一方面,这种层层解剖和还原的方法有助于人们认识复杂事物的本质,推动科学的发展。然而,人们看待事物的方式日渐暴露出问题,如一味以部分窥视整体,机械观点解释各种问题,否认事物之间的联系。①于是,人们认识世界的方式开始从还原走向整体,整体主义哲学得以兴起与发展。

一、还原论的兴起与发展

"世界的本原是什么"可以被看作是哲学界的"哥德巴赫猜想"。在对世界本原进行探索的时候,人们可能会使用"还原"的方法,也就是使事物恢复成原本的状态。"在科学中,还原主要表现为开普勒运动定律还原成牛顿力学,电学还原到电磁学,光学还原到电磁理论,化学还原到物理学,心理学还原到神经生物学等;在形而上学上,共相概念可以还原到殊相、个别的概念,语词的意义可以还原到可观察、可操作的术语,高阶属性可以还原到低阶属性等"②。当把"还原"放在哲学理论的视阈下进行解释之后,还原论包括了一系列主张。《哲学大辞典》将"还原论"定义为:"把高级运动形式归结为低级运动形式,用研究低级运动形式所得出的结论去代替对高级运动形式的本质认识的哲学观点。"③原子论主张"原子"是世间万物的本原,这种追求事物本原、化解事物本原的思想也蕴含"还原"的理念。往后近代科学领域盛行的机械论实际上也在一定程度上受到原子论的影响。笛卡尔认为人体就像一种受到"因果律"支配的机械。④这种机械论的观点深刻地影响了从哲学到科学的各个领域的发展,而机械论自然观认为自然具有简单性、构成性、规律性、还原性和祛魅(无经验性和无目的性)。⑤还原论主张从事物的本原东西出发,坚持将整体拆分成部分,从细微之处窥视事物的本质。"还原,一般说就是认为一个现象的领域可以归结到另一个更低

---

① 高剑平.近代的机械论与辩证论:一般系统论思想形成的逻辑环节[J].河北学刊,
   2008(01):235–237.

② 刘明海.还原论研究[M].北京:中国社会科学出版社.2012:14–15.

③ 冯契,主编.哲学大辞典 分类修订本(上册)[M].上海:上海辞书出版社.2007:1031.

④ 王德伟,龙飞飞.机械论的合理性和局限性[J].自然辩证法通讯,2019,41(08):101–
   105.

⑤ 肖显静.从机械论到整体论:科学发展和环境保护的必然要求[J].中国人民大学学
   报,2007(03):10–16.

层或更深层的现象领域来加以理解,如此类推,就会导出一个这样的论题:一切科学真理最终可以通过揭示支配那些最基本层次的实体与行为的基本规律来加以说明"①。

从本体论上看,还原论认为世界上存在一个不可再分的实在,所有探索的目的就是为了发现这个被分割的、还原的实在,原子论和机械论就很好地体现了这种本体论的思路。从认识论上看,还原论认为任何理论、术语、范式、概念都应该从"还原"的过程中分析和推导,新的理论和发现都是由旧的"部分"组成的。"逻辑经验主义者坚持分析与综合的严格区分,认为科学理论必须能够还原为简单的少数几个能为经验所检验的原子命题"②。从方法论上看,还原论强调把部分从整体中抽离出来的方法,例如 H_2O 通过电解反应之后分离出来的 H_2 和 O_2 就可以作为独立的个体,并显现其特性。③

总的来说,还原论具有以下特性。一是孤立性。还原论从"本原"出发,以还原事物的原始状态为目的。然而,这种线性思维往往忽视事物之间的联系,形成"盲人摸象"式的认识。无论是留基伯和德谟克利特所提出的原子论还是近代以笛卡尔为代表的"心身二元论"都忽视了被解剖的无数"子部分"之间的联系,从还原的过程到还原的结果,"部分"始终是作为一种孤立的存在,将"部分"以简单组合的形式看作是"整体",忽视整体的重要作用。二是单一性。自笛卡尔的"心身二元论"开始,心灵和身体发生了分离,人们对自然和物理的追求创造了无限辉煌的科学王国。然而,心灵的问题始终没有得到解决。无论是对世界本原的追问还是对物质世界的探索,心灵仍然是一个黑匣子。"我们知道,心身难题在于通过心理原因

---

① 张华夏.兼容与超越还原论的研究纲领——理清近年来有关还原论的哲学争论[J].哲学研究,2005(07):115-121.

② 刘劲杨.论整体论与还原论之争[J].中国人民大学学报,2014,28(03):63-71.

③ 赵光武.还原论与整体论相结合探索复杂性[J].北京大学学报(哲学社会科学版),2002(06):14-19.

解释物理原因而造成了解释无限的恶性循环"①。在追求无限还原心灵的同时,人们囿于对心灵和意识的无限追求,忽略心灵之外的现实世界,心灵之外的实体地位逐渐丧失。最终,还原论可能会走向传统主客二元论的道路,人的意识与现实世界分离。因此,当人们讨论还原论时还会遇到一个不可避免的问题:在追求无限还原之后的世界还剩下什么?世界本是多元的、丰富的,但是绝对的还原可能会造成事物的无限抽离,进而导致事物之间分立、排斥,进而被还原成同质性的存在,这种还原论所带来的可能是单一的、个体的、无趣的、被同化的无数的"部分"。

二、从还原论到整体主义

过去在科学中盛行的还原论逐渐暴露出许多问题,一些反对还原论的人提出还原论带来的弊端,"并非所有的社会现象都能够依据还原论进行说明或分析,社会属性远远超越了个体属性"②。于是人们开始从无限分割、独立的和个体属性的还原论走向联系和完整的整体主义,人们的思维方式也从破碎走向整体。于是,蕴藏整体主义的思想流派逐渐崭露头角。

《哲学大辞典》指出"整体论"是一种"用系统的、整体的观点考察有机界的理论"③。整体主义从有机体的特质出发,认为事物之间是相互联结的,绝对孤立的事物不存在。这种联结的特点与系统论相似,两者都主张事物之间的联系。在《物理学理论的目的和结构》一书中,作者皮埃尔·迪昂(Pierre Duhem)犀利地指出:"总之,物理学家从来也不能使一个孤立的假设经受实验检验,而只能使整个假设群经受实验检验,当实验与他的预言不一致时,他获悉的是,至少构成这个群的假设之一是不可

① 刘明海.还原论研究[M].北京:中国社会科学出版社.2012:221-222.
② 杨晓坡.还原论、层次观与机制解释——兼论现代社会科学方法论的分歧与整合[J].内蒙古社会科学,2021,42(03):56-61.
③ 冯契,主编.哲学大辞典 分类修订本(上册)[M].上海:上海辞书出版社.2007:1031.

接受的,应该加以修正;但是,实验并没有指明应该改变哪一个假设。"①
阿尔弗雷德·诺斯·怀特海(Alfred North Whitehead)指出事物与事物之间
应该是联结的而非孤立的,联结是所有事物的本质。怀特海的哲学思想
体现了浓厚的整体主义色彩,认为事物与事物之间、人与世界之间都是
联结的状态。

　　整体主义是联结的,这种联结关注到人本身以及人的心灵。在自然科
学的探索上,还原论主张将部分从复杂的事物中分离出来,以部分作为核
心;在人文科学的研究上,还原论的方法受到二分论和机械论的影响,忽视
心灵和情感。于是,整体主义意识到了这种机械性带来的后果,并逐渐将
整体和部分都纳入研究范围当中,关注心灵价值和情感价值。人可以被设
想为"心物统一的复合体"②,这是因为人自身是一个联结的整体,人的身体
和心灵应该是一个整体,它们彼此作为部分共同构成人本身。身体内部的
器官、系统和组织是一个整体,身体和心灵是一个整体。"身体组织就是这
样一个感受的统一体,它就是一个有知觉的动物存在,能够从身体活动中
接受经验的复杂多变性"③。部分的结合应该是能动的、感觉的,这样的整
体才能真正发挥出应有的作用,发挥出"整体大于部分之和"的能动性。在
整体主义看来,事物之间是联结的,是一种复杂的外在机体活动和内在心
灵感知的整体联结。这样,整体主义不再遵循自笛卡尔以来倡导的"心身
二元论"和后来的机械论,不再将"心灵"和"身体"相对立,将"心灵"和"身
体"统一起来,并被视为一个整体。自此,部分与部分之间、部分与整体之
间的联结应该是能动的、感知的。

　　作为德国古典哲学的代表人物,黑格尔(G. W. F. Hegel)在《自然哲
学》一书中解释了有机体构成与形态。④一是仅仅与自己相关联;二是将
有机体自身与他物或无机界相关联;三是与自身是生命个体的他物相关

① 迪昂.物理学理论的目的和结构[M].李醒民,译.北京:商务印书馆.2011:230.

② 怀特海.思想方式[M].韩东辉,等,译.北京:华夏出版社.1999:23.

③ 怀特海.思想方式[M].韩东辉,等,译.北京:华夏出版社.1999:25.

④ 黑格尔.自然哲学[M].梁志学,薛华,钱广华,等,译.北京:商务印书馆.2009:499.

联,也就是在他物内与自己相关联。黑格尔所提出的有机体可以被视作一个整体,因为有机体具备联系性和结构性。前者体现为有机体的各要素及有机体自身相联系,反对孤立的观点;后者体现了有机体内部的层级结构,反映出有机体建构的内在逻辑。生态学的思想也为这种联系的观点提供了启发,"从生态学的角度看,生态关系决定了有机体(生物)的本性,而不是有机体的本性决定了生态关系"①。除了基于有机体所构建的联结原则,黑格尔还指出整体与部分的关系,"整体的性质由部分的综合体现出来,而部分的性质又受到整体性质的约束和规定,从而除了具有自身的特殊性质之外,部分也在某种程度上表现出了整体的性质"②。可见,整体与部分并不是完全独立的,而是处于自身和对方的关系中。"玄思的真理包含有这些片面的规定自身联合起来的全体,而独断论则坚持各分离的规定,当作固定的真理"③。黑格尔认为所谓"玄思的真理"不仅仅是指向有限的或是无限的,而应该是包含所有的这些片面的观点所联合起来的整体,尽管这些片面的观点有时候是矛盾的。黑格尔将整体的思想也运用到对思维的形式的论述之中,他认为对思维的形式的认识历程是整体的,"所以,我们必须在认识的过程中将思维形式的活动和对于思维形式的批判,结合在一起"④。因此,整体主义的思维方式是动态的、过程的。正如怀特海对"时间"概念的思考,他认为过去、现在和将来是一个整体,"自然的流变只是存在的创造力的别名,它没有供其活动的具有明确瞬间现在的狭窄暗礁。它的正推动自然向前的现在必须到整体中去寻找,到最遥远的过去以及在任何现在绵延的最狭窄的宽度上去寻找,也许还必须到未实现的将来去寻找,还必须到可能有的将来以及将出现的现

---

① 卢风.整体主义环境哲学对现代性的挑战[J].中国社会科学,2012(09):43-62+206-207.

② 邹焜.黑格尔的整体性和体系化辩证法[J].重庆邮电大学学报(社会科学版),2017,29(02):92-100.

③ 黑格尔.小逻辑[M].贺麟,译.上海:上海人民出版社,2009:111.

④ 黑格尔.小逻辑[M].贺麟,译.上海:上海人民出版社,2009:126.

实将来中去寻找"①。因此,作为时间状态之一的"现在"处于变化着的过程之中,处于关系的整体之中,与"过去"和"未来"相互联结,"整体主义"本身就是一个整体。

第二节　整体主义视阈下的学校课程建设

随着整体主义哲学的兴起与发展,各个领域也受到了整体主义思想的影响,从还原的、个体的方法论向整体主义转变。在教育领域,从学生培养到课程建设,学校教育逐渐接受整体主义的理念,推动现代学校教育的发展。在整体主义视阈下,学校课程建设注重课程目标、内容、评价等方面的整体性,并走向网络化。在课程目标方面,学校开始转变课程目标,强调个体在知识、能力、思维、情感等方面的综合发展,培养学生的核心素养。在课程内容方面,学校应改变以往课程内容的单一性和独立性,主张课程内容的关联性,并结合学生发展和实际需要开设多种课程与项目,如活动课程、跨学科课程与校本特色课程等。在课程评价方面,整体主义的学校课程建设改变了以往的单一性评价模式,学界采取多种评价方式相结合的方法,以全面的评价取代片面的评价,实现发展导向的整体性课程评价。在课程网络方面,整体主义视阈下的学校课程成为联结校内外活动的突破口,例如学校文化与理念、教师专业发展、家校社协同育人等,构建以学校课程建设为突破口的课程网络。

一、整体主义视阈下的课程目标

在整体主义视阈下,学校教育从分散的、碎片化的知识教授向整体的、综合的整体教育发展。"整体教育倡导让学生在均衡、关联的学习体验中获得完整的发展,以培养全面发展的人为愿景。这种全面发展的人能够真正

---

① 怀特海.自然的概念[M].张桂权,译.北京:北京联合出版公司,2014:61.

深切关注和关爱自然环境、社会发展、民族文化,共同助力人类未来的和平与可持续发展"①。在整体主义及整体教育思潮的影响下,学校课程建设不仅关注培养学生的知识与能力,还结合时代要求,发展学生的创新性思维,建立社会责任感,在课程中融合"五育",推动学生的全面发展。

(一)培养知识与实践能力

在斯宾塞(H. Spencer)提出"什么知识最有价值"之后,人们将学校课程建设的目标转向建立知识体系。通常而言,知识体系包含一般性知识、学科知识等,其中围绕学科课程传授的学科知识仍然占据重要的地位,因此各个学科课程的目标成为学校课程目标体系的组成部分。学者孙绵涛认为"学科是主体为了教育或发展需要,通过自身认知结构与客体结构(包括原结构和次级结构)的互动而形成的一种具有一定知识范畴的逻辑体系"②。人们对学科相关概念、原理和方法进行筛选、加工、组合,从而构建起系统化、结构化的学科知识体系。学校开展各种学科课程,如语文、数学、英语等,向学生传授关于不同学科的基本概念和理论,帮助学生构建对世界的基本认知,为学生提供理解世界、分析问题的工具。然而,随着社会的发展,仅仅掌握单一学科知识已经不足以让学生应对未来的挑战,学生还需要掌握其他知识并且学会如何获得知识,为未来生活做好准备,与此同时,传统的知识教育与现实生活之间往往存在连接的障碍。尽管知识教育仍然是学校课程目标之一,但是如何将知识应用到现实生活中成为学科课程目标制定的必然命题。在传统的学校课程中,获得知识是开展课程的重要目标之一。教育主体围绕知识教学开展课程,这种课程主要以教室为主要发生场域,既不需要教室以外的空间,也不需要学生付出时间亲自参与知识的产生与形成过程。在这种环境下,学生难以将知识与生活联系,知识被置于学校环境之内。基于此,整体主义视阈下的课程目标不仅仅围

---

① 程琳,李太平.从理论到实践:西方整体教育的发展与启示——访多伦多大学约翰·
米勒(John P.Miller)教授[J].全球教育展望,2023,52(03):16-24.

② 孙绵涛.学科论[J].教育研究,2004(06):49-55.

绕学科知识传授,而是要指向学生的全面发展。学校应该结合社会实际和学生的发展情况,将知识传授与学生的实践能力培养突破"知识发生在课堂"的理念,为学生创造应用的情境,实现知识与应用的联结,将知识传授和实践培养视作学校课程建设的整体目标。

(二)发展创新性思维

当前,社会已经进入了信息时代,社会各个领域急剧变革与创新,以单一学科知识教授为主导的教育模式逐渐被个性化、创新型人才培养模式所取代;信息的大量增长和不同文化的交汇,都给学校教育带来更大的挑战;网络信息安全、生态环境保护等新理念正在塑造新的课程模式,学校课程亟须变革。与此同时,保持重复的、单一的思维会阻碍学生适应未来,导致学生难以应对和处理复杂的问题。为了让学生主动学会思考并解决现实问题,学校有必要激发学生的创造力,提升问题解决能力。在未来社会,以大数据、人工智能为代表的信息技术会进入各个领域,学生需要拥有创新性的思维,以创新驱动变革,提升个人与团队的竞争力。在立足于当下与未来的社会变革情况,发展学生的创新性思维成为学校教育的重要目标之一。因此学校课程建设成为发展学生创新性思维的重要路径。通过建立起中小学的创新性思维导向的课程体系,学校可以发展学生的创新性思维,提升学生的创造力。学校应激发学生的好奇心与问题意识,为学生提供自我探索世界的平台。在传统的学校课程体系中,学生只是作为课程内容的接受者,被动地接收信息,难以跳出思维定式。在创新性思维的导向下,学校课程不再是为了让学生寻找一个既定的答案,而是让学生在现实矛盾、冲突与质疑中产生问题意识,这种源自学生内心的问题意识能够驱动学生寻找问题的答案。教师将这种问题意识引入课程目标之中,有利于鼓励学生自发地寻找问题解决的方案。在这个过程中,尽管每个学生的解决方法以及解决方案有所区别,但是学生可以从不同视角看待问题。因此,要发展学生的创新性思维,还应该鼓励学生从单一的、孤立的思维走向多样的、联系的思维,从不同的角度分析、解决问题。

(三)建立社会责任感

作为社会的一员,每个学生都应该承担自己的公民责任,认识自身在社会中的角色,增强社会责任感。同时,社会责任感往往与关爱他人联系起来,学生在认识社会、承担社会责任的同时,也可以培养自身的同理心,形成良好的社会风尚。社会责任感还与核心价值观教育息息相关,在多元文化和多元价值观社会的影响下,价值相对主义和情感主义的泛滥为学校教育敲响警钟,人们开始意识到文化与价值观教育重要性,世界各国更加重视对学生社会责任感的培养,维护本国的核心价值观。最后,社会责任感意味着学生不仅应该关注所在社区的发展情况,还应该建立起全球视野和意识,关注全球范围的议题。

为了帮助学生建立社会责任感,学校课程应该将社会责任感融入课程之中。首先,一般的学科课程是培养学生社会责任感的重要载体。从我国《义务教育课程方案(2022年版)》来看,"有理想、有本领、有担当"三个方面成为义务教育课程的培养目标,对学生参与社会、建立社会责任感提出了要求。因此,学校应在一般学科课程的教学活动中培养学生的社会责任感,让学生成为有理想、有本领、有担当的人。其次,为了进一步增强学生的社会责任感,树立正确的价值观,学校还应该关注以价值观教育为重要目标的课程。从世界各国中小学开设课程的情况来看,社会科是常见的中小学核心价值观学科课程形式之一,美国、加拿大、新西兰等以社会科作为中小学核心价值观教育的重要课程载体。基于对学生公民能力、社会责任等方面的培养,社会科注重价值观引导,并成为建立学生社会责任感的重要载体。最后,学校还可以在活动课程、跨学科课程中融合社会责任感的内容,在课程中引入对社会问题讨论的环节,让学生在不同社会议题讨论的过程中培养他们对社会问题的关注以及批判性思考的能力。除此之外,学校还应该开设社区参与和实践的课程,让学生走进社区,参加真实的社会项目,建立起对个人、家庭、学校以及社会的责任感。

二、整体主义视阈下的课程内容

要改变以知识教育为主的课程、培养学生的核心素养,整体主义视阈下的学校课程内容应该以核心素养为本,拓展课程内容。然而,让核心素养真正落实到学校课程仍然有一定的挑战性,核心素养的培养与学校课程建设之间存在阻碍。"将学校课程统一在学校的育人目标下,让目标真正落地而非浮于学校顶层设计是较为困难的,正如核心素养难于落地,其原因很大程度上可能源于学校传统的分科课程体系与核心素养培养之间的先天矛盾"①。因此,要推动核心素养发展与学校课程建设之间进行联结,学校课程建设应走向整体主义,不拘泥于传统的分科课程,而是积极寻求变革,从整体主义的视角出发,建立全面的、动态的、符合人发展实际需要的课程体系。

(一)活动课程

随着社会的进一步发展,人们发现追求知识并不是学校课程建设的唯一目标。杜威(Dewey J.)认为应该通过经验寻求人的发展,也就是"从做中学"②。学生不仅仅需要学习知识,还需要通过实践获得个体的经验。因此,以经验为取向的活动课程逐渐走进学校教育之中,并被纳入学校课程体系。我国学者郭元祥从活动课程的规范出发,提出:"活动课程是与学科课程相对应的一种学校课程形式,是为了实现国家规定的最低课程标准而设置的显性课程,学校教学应将之纳入课堂教学的范围和计划内予以实施,国家、地方课程计划和课程标准也应对活动课程的目标、内容、学习活动方式(时间、空间及程序)作出明确规定。"③可见,活动课程不仅关注一般的课程知识,更强调结合学生的经验,让学生的经验成为课程内容的一部分。从课程主体来看,学生在活动课程中的主体地位得到提升,成为课程

---

① 项纯.走向学校课程的整体构建[J].中小学管理,2018(12):39-42.
② 杨九俊.一个经验:培育核心素养的路径选择[J].教育发展研究,2022,42(24):17-21.
③ 郭元祥.论活动课程[J].课程·教材·教法,1994(11):6-8+5.

活动的主要参与者,而教师往往只是课程活动的引导者和启发者。在活动课程中,教师可以结合课程主题为学生预设活动情境,让学生在情境中亲自体验和参与。尽管活动课程关照学生的经验,以活动提升学生的实践能力,但是从现实情况来看,课程内容还需要进一步延伸,适应更加变化更加复杂、快速的社会。从本质上看,活动课程既离不开教师的精心设计,也离不开课程标准带来的规范,难免缺少自主性与灵活性。

(二)跨学科课程

当前,跨学科课程凭借其学科统整与学科联结的特征,受到人们的广泛关注。跨学科课程指向学生核心素养的发展以及育人模式的转变,强调课程的综合性与融合性。"所谓跨学科课程,即选择一个对学生有意义的现实问题或学科主题,将问题转化为探究主题,学生运用两种或两种以上学科的观念、知识与方法对主题展开持续探究,形成观念物化的产品,由此发展跨学科理解及核心素养"[①]。由此可见,在核心素养时代,跨学科课程符合人们对于课程育人模式转变的期待,从分科的知识教育到跨学科的知识与能力培养,鼓励学生围绕某一主题应用所学知识解决现实问题。从课程内容来看,跨学科课程与整体主义哲学关系密切。首先,跨学科课程要求教师结合不同学科的概念、原理和理论进行教学,教师需要找到各个学科之间的联结点,打破学科之间的壁垒,在学科之间建立联系。其次,为了实现整体性的育人目标,落实核心素养的培养目标,跨学科课程需要超越传统的、以知识授受为主的分科课程。这种对知识教育的超越可以通过统筹主题得以实现。教师的跨学科主题教学活动实际上也遵循着整体主义的价值取向,这是因为教师可以通过统筹主题开展教学活动的各个环节,发展学生的核心素养,实现课程育人目标。[②]最后,学生的思维也在跨学科课程中发生转变,走向整体性的、联结的、创新性的思维。以STEM(Science,

---

① 张紫屏.跨学科课程的内涵、设计与实施[J].课程·教材·教法,2023,43(01):66-73.

② 任学宝.跨学科主题教学的内涵、困境与突破[J].课程·教材·教法,2022,42(04):59-64+72.

Technology，Engineering，Mathematics）课程为例，这种跨学科课程让学生从不同学科视角分析和解决问题，而不是局限于某一学科的思维框架。在跨学科课程中，学生可以围绕某一主题找到学科要素的联结点，创新性地提出方案。然而，跨学科课程作为学校课程建设的新路径，本身仍然存在一定的局限性。跨学科课程未能完全突破学科课程带来的挑战，从本质上来说，跨学科课程的逻辑仍然延续传统的学科课程框架，将不同学科的知识进行统整，跨学科知识的教学仍然占据较大的比例。因此，为了真正实现整体性的育人目标、推动核心素养发展落地，学校课程建设还需要进一步审视课程体系，拓展课程内容，将整体主义哲学与课程体系相融合。

（三）校本特色课程

从当前学校课程建设的情况来看，传统的分科课程、活动课程、综合课程仍然占据着重要的地位，而结合时代背景发展的跨学科课程也正在进入课程体系之中。除此之外，学校课程建设还需要关注校本特色课程，思考如何结合三级课程的体系开设具有学校特色的课程。

首先，每个学校具有不同的发展情况，学校不仅应该结合国家和所在地区的教育政策开设课程，还应该考虑本校的育人文化与理念，开设特色主题课程，打造本校的特色课程体系，形成特色课程或项目品牌。其次，特色课程还意味着学校突破传统课程的思维，审视课程体系的建设问题。在整体主义哲学的视阈下，学校不仅要关注学生集体的发展，还要关注学生个体的特征，通过提供多样化、个性化的课程，鼓励学生自主学习，引导学生发展自身的兴趣，挖掘学生的潜能。最后，学校特色课程还可以进行自我创新和自我变革，在这个过程中，学校课程建设不仅寻求了外部的帮助，还能够结合内生性的力量，课程被赋予了更多的自主性和创新性。学校可以结合本校的特色与文化，整合学校的课程资源，找到不同课程之间的联系，设计具备整合不同课程要素的特色课程，如项目式学习、主题学习等课程以发展学生的核心素养。

三、整体主义视阈下的课程评价

课程评价是课程教学活动的一个重要环节。要落实学生核心素养、实现整体育人目标,就要建立起以核心素养为导向的学校课程评价体系。在整体主义的视阈下,学校课程评价也要走向整体,提升课程建设的实效性。首先,从课程评价的内容来看,课程评价不仅仅指向学生的学科知识与能力,而是应该以核心素养为本,评价学生的各个方面,将知识、能力、创新思维、社会责任感等方面纳入评价体系之中。其次,从课程评价的方式来看,课程评价应该走向发展导向,而不是以终结性评价作为单一的评价方式。课程评价最终是为了促进学生的发展,而不是为了评价本身。因此,学校应该转变评价思维,推动过程性评价和终结性评价、传统纸质评价与电子评价相结合,采取多种课程评价方式。最后,整体视阈下的课程评价应该将与课程相关的主体纳入评价体系之中,包括政府相关部门、学校、教师、学生、家长等多个主体,实现评价主体的多元化,促进评价的客观性与科学性。

(一)综合育人的课程评价

根据不同的育人理念,课程评价的价值旨归有所区别,进而影响课程评价的衡量标准。"指向知识的课程评价主要是对课程是否满足学生知识获得和成绩分数需要的价值判断,是一种以分数为纲、以获得知识数量为理念的评价。指向学生的课程评价是对课程是否满足学生发展需要的价值判断,是一种以促进学生全面发展为理念的发展性评价"[①]。可见,知识取向的课程评价指向单一的知识教育评价,忽视学生其他方面的发展;指向学生的课程评价注重学生本身,从学生发展的情况出发,以培养具备核心素养的学生为目标。为了培养学生在知识、能力、情感态度与价值观等多方面的发展,应该采取综合性的评价标准。同时,在学校课程体系中,跨

---

① 徐彬,刘志军.指向核心素养的课程评价探析[J].课程·教材·教法,2019,39(07):21-26.

学科课程、活动课程以及校本特色课程的出现推动课程评价变革,转变以往分科课程的单一评价方式。整体主义视阈下的课程评价鼓励教师和学生在不同学科与课程之间建立联系,培养学生的问题解决能力、创新思维与社会责任感,走向综合育人。基于此,学校要结合课程目标开展课程评价,明确课程评价的标准。首先,学科知识与应用能力仍然是课程评价的重要组成部分,包括学生对学科相关的概念、原理的理解、分析与应用能力。其次,学生的创新思维也是课程评价的要素之一,包括学生提出的新想法与新概念、采取创新的方法解决问题等。最后,学生的社会责任感是课程评价的重点之一。相较于学科知识与应用能力,社会责任感偏向于学生的情感与价值观,是一种相对隐性的评价内容。学校难以通过一般的评价对学生进行测试,而是要采取多种评价方式结合,例如观察与记录学生的价值判断与行为、与学生进行互动等,关注学生的情感与价值观培养。

(二)发展导向的课程评价

整体主义不仅是联结的、综合的,还具备动态的特征,这种动态的特征体现为课程评价的发展性。一是课程是一个变化的、发展的过程,在不同阶段学生会具备不同的表现,要根据不同阶段的特征对学生进行及时的评价与反馈。二是课程活动发生在不同的时代之中,要结合时代发展的特征与时俱进地优化课程评价内容与方式。在信息时代,随着大数据、人工智能等技术的兴起,课程评价也受到信息技术的影响,与信息技术融合。三是课程评价的价值旨归在于推动学生的全面发展、落实学生核心素养培养的课程目标,课程评价只是为了实现育人目标的一种重要的方式,而不是最终的目的。相较于评价,学校应该思考如何提升评价的实效性,真正实现以评价推动学生的发展,关注评价带来的反馈与改进效果。学校应该立足于发展导向,开展多种方式相结合的课程评价,包括过程性评价与终结性评价、线上评价与线下评价等。从本质上来说,学生在课程中的表现是一个动态的过程,仅仅依靠课前或者课后的终结性评价难以对学生的表现进行评价。因此,课程评价也是一个动态的、发展的过程,观察、提问、课堂记录等多种过程性评价应该被纳入课程评价体系之中。除此之外,随着各种技术的兴起与发展以及人们对教育科学性的追求,课程主体还可以应用大数据、人工智能等技术收集、分析和解释学生在课程中的数据,为学生的课程表现与结果进行精准的评价,从而为学生的未来发展提出更加科学的决策。

(三)多元主体的课程评价

学校课程评价不仅需要综合的评价内容、发展导向的评价方式,还需要多元化的课程主体。基于不同的专业知识与经验,不同的课程主体在参与课程评价的过程中可以从多种视角出发评价学生的课堂表现,减少单一课程主体带来的主观性评价问题。从课程的建设思路来看,课程本身就是一个由多个主体参与的过程,如政府部门制定课程政策与课程大纲、学校开设与实施课程、教师开展教学活动、学生学习课程内容等。由于不同的课程主体在课程建设的过程中扮演的角色不同,因此这些课程主体对课程建设具有不同的看法。"课程作为多层级、多要素的复杂系统,不同层级的课程交织形成立体的课程体系,横向上涉及不同课程要素的协调,纵向上涉及课程类别与课程层级的整合。与之相应,每一层级的课程又对应不同的课程主体,课程主体的个体性或独特性使其能以不同视角审视课程建设的多维性,即不同课程主体的站位不同,对课程的关照维度和视角就不同,所观测到的课程亦会展现不同的样貌"①。因此,学校课程评价也是一个多主体参与的过程,每个课程主体对于学校课程建设及其效果都具有独特的见解,在课程评价体系中发挥不同的作用。例如,政府可以对学校课程建设开展质量监测,从外部的角度评价课程效果与学生的综合表现。作为内部评价主体的教师和学生可以从较为微观的层面开展评价,包括教师评价、同伴评价与自我评价,这种教师层级与个体层级的评价可以帮助学生

---

① 玄兆丹,王嘉悦,李凌艳.指向学校课程建设的评价:特征、挑战与优化[J].中国考试,2023(02):33-41.

进行个性化、精准化的评价,从而为教师制定教学方案与课堂反馈、学生开展自主学习与反思提供一定的参考。

四、整体主义视阈下的课程网络

学校课程建设由多个要素组成,包括学校领导、教师、学生、信息技术、学校文化、学校管理以及学校外部环境等。从要素的结构来看,这些要素都属于学校教育的组成部分,构成学校教育的整体;从活动的轨迹来看,要素之间相互联系、相互影响,这使得学校课程建设面临复杂的内外部环境。行动者网络理论(Actor Network Theory,简称ANT)的出现为解释学校课程建设提供了一个理论视角。行动者网络理论是一种研究人和非人相互联系、网络关系及行动的方法论。[1]在该理论视角下,人或非人不再有地位高低之分,而是被称为行动者。从本质上看,学校课程实施包含人和非人的参与。在课程建设的过程中,教师、学生、机构、概念、理论等行动者都与课程实施密切相关。行动者进行转译(Translation)并形成网络(Network)。"本质上,转译就是联系,是普遍联系的内在机制。通过转译,行动者才能与其他行动者互动"[2]。学校课程不仅仅依靠单一的行动者,而是靠多个行动者的行动与联系。以课程标准为例,从课程标准的计划、修订到实施的过程,教育部门、研究机构、社会团体、学校、教师和学生等多个行动者都需要参与其中。课程标准制定和实施将这些行动者聚集在一起,为行动者提供相互交流与沟通的机制,从而推动学校课程建设。除此之外,网络关系还会影响网络效应(Network Effect)。[3]学校课程实施也同样具备网络效应,并通过网络效应扩散其子网络,最终形成以课程为联结点的多个子网

---

[1] Fenwick T, Edwards R. Introduction: Reclaiming and Renewing Actor Network Theory for Educational Research[J]. Educational Philosophy & Theory, 2011, 43(s1):1–14.

[2] 左璜,黄甫全.行动者网络理论:教育研究的新视界[J].教育发展研究,2012,32(04): 15–19.

[3] 左璜,黄甫全.行动者网络理论:教育研究的新视界[J].教育发展研究,2012,32(04): 15–19.

络,例如学校文化与理念、教师专业发展以及家校社协同育人等。随着行动者不断行动并构建网络关系,学校课程实施的网络效应会不断扩大,形成以课程为联结点的网络。

(一)以学校课程建设落实学校文化与理念

在整体主义的视阈下,学校课程实施是学校文化与理念落实的重要环节之一。"学校文化是课程建设的文化根基和理念引领,在课程的校本化过程中,学校必须把学校文化融入其中,形成课程的文化根基,只有这样,才能使课程建设得到整体关照,避免课程校本化的盲目和拼盘化"[1]。在学校文化与理念的引领下,学校课程建设有了可参照的整体思路,并在课程建设的过程中彰显学校育人理念、推行学校教育的文化内核与价值观。除此之外,学校课程还能够落实和丰富学校文化与理念,促使学校文化与理念在保持自身特色的同时也能够适应学生的发展。为了落实学生的核心素养、推动人的全面发展,学校课程的主要目标、内容与评价通常与时代的育人目标与理念相关,如创新思维、人文关怀、社会责任等,进而影响学校的育人文化与理念。从课程建设的过程来看,学校文化与理念的塑造受到课程文化、教学理念、课堂氛围、师生互动等要素的影响。通过与这些行动者不断联系与互动,学校文化与理念也在不断演变和拓展,最终形成具有学校课程特色的文化与理念。

(二)以学校课程建设促进教师专业发展

随着学校课程网络效应的增强,教师专业发展逐渐成为学校课程的子网络。在学校教育理念更新与变革的背景下,教师也面临着诸多的教学挑战:从课程目标来看,教师需要转变以往以知识教育为主的教育教学理念,转向培养全面发展的人;从课程内容来看,跨学科课程的实施需要教师提

---

① 田茂,王凌皓.课程的校本化与学校文化传统[J].教育理论与实践,2018,38(19):61-64.

升自身的跨学科教学素养，活动课程的实施需要教师提升课程设计能力，校本特色课程的实施需要教师将学校特色文化融入课程之中等；从课程评价来看，教师需要掌握多种课程评价的方法。可见，课程是学校活动的一个开关，这个"开关"可以触发其他活动。对于教师而言，学校课程建设能够触发教师专业发展，围绕课程开展的教师专业培训与研修等活动得以兴起。首先，学校可以根据学校课程的要求，组织专业培训活动，包括研讨会、教研活动、集体研修等，邀请专家开展讲座或论坛，帮助学校教师获得新的教学理念，提升自身的教学素养。其次，学校还可以支持教师开展个体或集体的相关研究。通过开展行动研究，教师既能够解决自身在课程教学中遇到的实际困境，也能够形成研究成果，实现理论与实践的融合，促进教师更新自身的课程观，创新教学方式。最后，学校还应该鼓励教师形成教师专业发展的网络共同体，以整体的、网络的思维促进教师专业发展。以跨学科课程为例，学校可以为不同学科教师搭建交流的平台，实现跨学科课程的共同设计与实施，最终实现教师之间的知识共享与思维创新。

（三）以学校课程建设推动家校社协同育人

"教育是以家庭为起点，以学校为阵地，以社会为平台，让每一个学生逐步完成从自然人向社会人转变的过程。因此，家庭、学校、社会的协同整合就显得极为重要"①。通过实现家校社沟通与合作的机制，学校课程汇聚了学校、家庭与社会的力量，为学生提供更加整体的、全面的教育支持。同时，家校社也能够以学校课程为平台，实现学校、家庭与社会的紧密联系与沟通，最终推动家校社协同育人。首先，学校课程不仅关注学生的校内生活，还强调学生在不同环境的适应能力。因此，学校可以将课程作为协同育人的载体，联系家长、社会团体与机构，在学校课程融入家庭教育与社会教育的元素，让不同的行动者共同参与到学校课程的设计与实施过程之

---

① 孙夕礼.学校在家校社协同育人方面如何作为[J].人民教育,2021(08):29-32.

中。其次,学校可以与家庭、社区建立紧密的合作关系,推动学校课程走进家庭生活与社区生活。在家长或社会专业人士的指导下,学校可以通过组织家庭或社区活动,鼓励学生将课堂所学的知识与实际问题联系,在真实的环境中培养家国情怀与社会责任感。最后,作为学校课程网络的行动者,家长、社会团体或机构在课程评价中也担任重要的角色。从学校课程实施的愿景来看,学校课程不能局限于教室之内,还要走向学校之外,与学校之外的行动者建立联系。因此,学校有必要拓展课程评价的渠道,让家校社共同参与课程建设之中,通过家长会、在线平台等形式实现多方的沟通与信息共享,在课程建设中推动家校社协同育人。

第三节　基于整体主义的学校课程建设思路

在整体主义哲学的视角下,学校课程建设是一个从孤立走向联系、从分裂走向联结的整体。与此同时,学校课程建设也是一个复杂的过程:地区和学校文化的影响、理论运用、实地调研、多主体共同参与等。在多种要素共同影响的前提下,学校课程建设应该找到关键点,从复杂要素中抽离出来,回归育人本质。从学校课程改革深化的思路来看,学校开展核心素养为本的学校课程建设,基于整体主义哲学的方法论,解决学校课程建设面临的问题。在学校课程建设实践道路上,各个学校不断摸索、反思和提高,主要从三个方面开展学校课程建设:一是将课程目标作为核心素养为本的课程建设的逻辑起点,将学校育人目标和课程目标相结合,描绘毕业生形象;二是探寻学校课程建设的理念,以教育本质与学习机制为本;三是关注过程与系统,实现核心素养为本的学校课程建设的价值追求。

一、描绘毕业生形象:核心素养为本的课程建设的逻辑起点

核心素养为本的学校课程建设的起点是描绘毕业生形象。从各个学

校课程建设的实践来看,学校课程建设的首要目标是确定课程目标,构建学校课程目标体系。通常而言,学校首先需要按照国家课程标准与时代要求,形成初步的课程目标。同时,学校还需要结合教育理论、学校价值与文化以及学生身心发展特点,嵌入育人目标,最终构建具有学校特色的课程目标体系。因此,学校课程目标的建构能够反映学校对学生发展的引导,是学校育人理念的影射。

淮河路小学以"润"作为文化核心,提出关注学生主体的"沁润教育"办学理念和品牌,并将该理念嵌入到课程建设之中,形成沁润课程体系。从课程目标构建的过程来看,淮河路小学的沁润课程体系立足于学生核心素养发展,选择无痕教育、人本主义、多元智能理论、建构主义作为课程的理论基础支撑,依照义务教育课程方案,将学生发展定位为"德高、体健、智睿、行雅"的灵动学子。从内涵来看,淮河路小学的育人目标"德高、体健、智睿、行雅"分别与六大核心素养相对应:德高对应责任担当,体健对应健康生活,行雅对应人文底蕴,智睿对应学会学习、实践创新、科学精神。由此可见,淮河路小学形成独具特色的育人目标,对毕业生形象有了具体化的描绘。基于学校的育人目标,淮河路小学开展实地调研,融合整体教育的理念,形成四大模块的课程内容,即润心、润体、润智、润行"四润"课程。这四大课程模块不仅与五育并举的教育理念相一致,还包含国家、地方、校本以及跨学科主题活动课程,最终形成核心素养为本的沁润课程体系。从淮河路小学课程建设的经验来看,核心素养为本的学校课程建设首先需要回答的问题是学校课程建设的起点是什么,即培养什么样的人。围绕这个关键问题,学校需要明确课程目标,构建学校课程目标体系,结合国家课程标准、学校办学文化、教育理论、师生情况等要素开展课程目标建设活动,以课程目标作为学校课程建设的"灯塔",指引学校课程建设的开展。

二、教育本质与学习机制为本:学校课程建设的理念探寻

学校课程建设的理念以教育本质与学习机制为本。为了发展学生的核心素养,实现学校课程目标,各个学校从教育本质与学习机制出发,遵循

教育的规律,关注学生学习的机制与过程,逐渐形成独具学校特色的学校课程体系。

郑州市中原区郑上路小学(以下简称"郑上路小学")以"和而不同,怀德好学"的办学理念和"培养慧高体健的双优学子"的育人目标为导向,结合脑体双优理论、具身认知理论以及脑与神经科学理论等理论,构建包括"健康力、学习力、审美力、生活力、创造力"五力课程在内的脑体双优课程体系。从课程建设的理念与逻辑来看,郑上路小学的脑体双优课程体系关注教育本质与学生的学习机制。首先,郑上路小学基于学校的足球特色进行探究,将足球特色作为促进学生学习的一个关键要素。其次,郑上路小学根据相关教育理论,发现足球特色等体育活动与学生认知发展之间的联系与教育规律。最后,郑上路小学将"脑体双优"的理念融入学校课程建设之中,形成脑体双优课程体系。

教育本质与学习机制为本的学校课程建设还发生在外国语小学。该校从学校语言教育特色出发,挖掘语言学习与学生发展之间的联系,构建融合(MELT)课程体系。该课程体系包括大阅读课程 Mining(双语阅读、核心素养下的主题阅读、海量阅读)、大表达课程 Expressing(写作、口头表达、演讲)、大思维课程 Thinking(数学、科学、计算机、创客)、大生活课程 Living(艺术、实践、健康生活)以及大思维课程 Thinking(数学、科学、计算机、创客)。从外国语小学的课程建设理念来看,学校重视发展学生的外语能力,以外语学习为特色,但是并不仅限于外语教育。更重要的是,学校遵循学生学习的规律,关注学生在学习中的主体地位,通过打破各学科课程之间的壁垒、设置跨学科特色课程、鼓励学生参与课程活动等方式对课程进行变革,激发学生学习的主动性和积极性,培养学生"灵活多变与健康力、国际视野与领导力、自我管理与控制力、智慧化身与好奇力、社会责任与合作力"五大素养。

三、关注过程与系统:核心素养为本学校课程建设的价值追求

核心素养为本的学校课程建设的价值追求来源于对过程与系统的关

注。在整体主义哲学的视阈下,学校课程建设内部是一个整体,课程目标、课程内容、课程结构、课程主体、课程理念等部分共同组成课程整体;学校课程建设也是一个过程和系统,其带来的链式反应能够启动其他活动,包括学校教学质量提升、教师专业发展、德育工作、课程开发、校园文化建设、家校社协同育人等。因此,在学校活动网络中,学校课程建设可以被视为网络的开关,发展其他子网络。

郑州市中原区伏牛路小学(以下简称"伏牛路小学")立足于"雅实"的学校品牌,提出了促进学生核心素养发展的课程理念:提升学生人文素养,提升学生艺术审美,加强学生品德修养锻炼学生健康体魄,培养学生创新思维,开发包含"雅言""雅艺""雅心""实创""实作"五大领域在内的雅实课程体系。伴随"雅实"课程体系的构建,教师专业发展、家校共育等子网络也得到拓展与延伸,推动"雅实"课程网络体系走向整体。伏牛路小学将教师专业发展紧扣"雅实"课程建设,以教师专业发展作为课程建设的突破口,以课程建设作为推动教师专业发展的重要路径。为了实现教师专业发展与"雅实"课程的融合,伏牛路小学搭建读书分享平台、教科研平台与研—备—思实践平台,实现教师专业水平的提升,鼓励教师参与学校课程开发之中。在学校课程开发过程中,教师需要提升自身的专业素养,对"雅实"课程的目标体系、内容体系与评价体系进行研究,了解学校、教师和学生的实际情况,为"雅实"课程的开发与实施提出个人方案。可见,作为课程的子网络,教师专业发展并未与课程分离,而是与课程创建联系,实现相互影响、相互促进。教师专业发展为课程建设提供了专业的力量,而课程建设为教师施展个人智慧与能力提供了平台,使得教师专业发展的校本化具有可操作性。在"雅实"课程的引领下,伏牛路小学的教师在行动中不断实践、反思与成长。

在伏牛路小学课程建设的过程中,家校共育、德育工作等也随之开展,共同构成学校课程建设网络整体。从伏牛路小学课程建设经验可以看到,核心素养为本的学校课程建设的价值追求并不仅限于课程本身,而是将学校课程建设视作一个不断发展的过程和系统,融入课程开发、教师专业发展等各项活动中,拓展和延伸学校课程建设带来的影响,最终实现学校教育的整体变革。

第三章 立德树人:核心素养为本的 学校课程建设的原则

一个国家的发展离不开教育,而教育的根本问题是解决"培养什么人、怎样培养人、为谁培养人"的问题,立德树人作为我国新时代教育的根本任务,全国各级学校需要加强核心素养为本的学校课程建设。同时,为了我国教育事业的稳健成长,培养出更多适应国家社会发展的人才,立德树人是核心素养为本的学校课程建设的原则,核心素养为本的学校课程建设也是立德树人的实现路径。

第一节 立德树人和核心素养为本的学校 课程建设之间的关系

2014年4月,《教育部关于全面深化课程改革落实立德树人根本任务的意见》发布,其中特别提及要研究制订学生发展核心素养体系和学业质量标准。教育部组织研究提出各学段学生发展核心素养体系,明确学生应具备的适应终身发展和社会发展需要的必备品格和关键能力,突出强调个人修养、社会关爱、家国情怀,更加注重自主发展、合作参与、创新实践。由此可见,学生发展核心素养的研制和发布,是教育部落实立德树人根本任务的一项重大举措。为了更好地推进落实立德树人的根本任务,在此,非常有必要厘清立德树人和核心素养为本的学校课程建设之间的关系。

一、立德树人与学校课程建设的内涵

(一)立德树人的内涵

在我国,"立德树人"这一表述最早出现在先秦时期。《左传》中有记载:"太上有立德,其次有立功,其次有立言,虽久不废,此之谓不朽。"[1]"立德"意为树立良好品德,是立功与立言的基础。"树人"一词最初出现于《管子》,"一年之计,莫如树谷;十年之计,莫如树木;终身之计,莫如树人"[2]。将育人比作种植树木,强调对人的培养是一件时间长久的事,树人即表明通过长久系统的教育去培养人。

党的十八大首次确立将"立德树人"作为教育的根本任务。党的二十大报告中再次强调教育要以"立德树人"为根本任务。2020年9月22日,习近平总书记在教育文化卫生体育领域专家代表座谈会上指出:"把立德树人作为教育的根本任务,发挥教育在培育和践行社会主义核心价值观中的重要作用,深化学校思想政治理论课改革创新,加强和改进学校体育美育,广泛开展劳动教育,发展素质教育,推进教育公平,促进学生德智体美劳全面发展,培养学生爱国情怀、社会责任感、创新精神、实践能力。"[3]在新时代,"立德"即培养品德,既包括个人的道德品质也包括对国家的大德。习近平总书记指出:"德是首要、是方向,一个人只有明大德、守公德、严私德,其才方能用得其所。"[4]"立德"就是要教育新一代树立家国情怀的大德,树立良好的社会公德、家庭美德、职业道德与个人品德。"树人"即培养人,在我们国家,所谓"树人"就是要树德智体美劳全面发展的社会主义建设者和接班人,树担当民族复兴大任的时代新人。"立德"与"树人"辩证统

---

① 侯光复.春秋左传[M].大连:大连出版社,1998:497.

② 黎翔凤.管子校注[M].北京:中华书局,2005:55.

③ https://www.gov.cn/xinwen/2020-09/22/content_5546157.htm.

④ 习近平.青年要自觉践行社会主义核心价值观[N].人民日报,2014-05-05(002).

一，"立德"是根本，是"树人"的前提，"树人"是"立德"的目的，两者一起组成了德育的根本任务。

（二）学校课程建设的内涵

英国教育家斯宾塞1859年发表的《什么知识最有价值》一文提出了课程（Curriculum）的概念。从"课程"一词的英文本意看，其英文字根来源于希腊文，是指"跑道""路径"等意思。由此可知，课程的本意是指教育者能够引领被教育者，为被教育者的发展提供学习的路径，这一路径既整合了教育者认为的最有价值的知识，也整合了被教育者的认知规律。因此，课程是连接教育者和被教育者教与学的路径和媒介。[①]然而，关于学校课程，由于不同的教育主张对课程的理解是不同的，因此至今没有一个关于课程概念的定论。国内外学术界关于学校课程的理解有广义和狭义两种。广义的课程是指学生在学校获得的全部经验，其中包括有目的、有计划的学科设置、学科管理、教学活动、教学进程、课外活动以及学校环境和氛围的影响等。狭义的课程是学科教学课程，指学校为了实现培养目标而开设的学科及其目的、内容、范围、活动、进程等的总和。它主要体现在教学计划、教学大纲和教科书之中。在学校教育场景中，可以说，课程是立德树人的导航系统，为学校教育教学把方向、指路径、定制高点。[②]

学校课程建设是指学校在国家、地方和学校三级课程管理体制下依据学校培养目标、学生需要、校内外教育资源对现行国家课程、地方课程和校本课程进行整合重组，进而构建适应学生发展的、高效的、具有学校特色的课程体系的过程。[③]其内涵具体表现为：首先，学校课程建设应以

---

① 杨志成.课程发展是品牌学校的永恒课题［EB/OL］.（2022-09-06）［2023-07-07］. https://www.wenmi.com/article/pxxe4w03af6c.html.

② 柳夕浪.为课堂教学落实立德树人定位导航［J］.人民教育，2022（09）：18-20.

③ 周海银.学校课程建设的内涵、取向与路径分析［J］.山东师范大学学报（人文社会科学版），2015，60（01）：123-129.

一定的价值为导向。学校课程建设应思考的关键问题是其目的究竟何在,即其价值论是什么。学校课程建设意味着思维方式的改进与生活方式的重塑以及核心价值观的建设,不可避免地具有特定的或期望的价值基础,这是学校课程建设活动的出发点与归宿。其次,学校课程建设是一个长期的过程,并不是为了单纯得到一个结果。我国很多教师都认为用某种专业理论或技术方法建设一套具体的通过体系知识为载体的课程就是学校课程建设。事实上,这都是一个过程,不管是赫尔巴特的课程论、杜威的课程论,还是每个学校运作过程中的课程。真正学校层面上的课程建设,一定会涉及跨学科间的调整、学科内的统整以及教师对课程的理解与重构等过程,而国家规定的课程计划、课程标准及课程教材都是课程建设过程的一个环节。

二、立德树人是核心素养为本的学校课程建设的根本原则

学校立德树人的根本问题是解决"培养什么人、怎样培养人、为谁培养人"的问题。基于时代背景和我国人才培养的现实需求,新一轮课程改革提出了"学生发展核心素养"这一具体化的育人目标。所谓"核心素养",是指:"学生在接受相应学段教育过程中,逐步形成的适应个人终身发展和社会发展需要的必备品格与关键能力。"[①]基于核心素养来推进学校课程建设,首先必须回应的问题就是学校课程建设的目标是什么。而学校课程作为支撑和落实"立德树人"根本任务的载体,其首要的目标自然就是回答好"立什么德、育什么人"的问题。

读史明智,回看近现代的历史进程,我国从贫穷落后挨打的国家逐步成为如今世界上最大的发展中国家。而中国共产党作为中国人民在历史长河中选择的政党,党的领导在我国发展过程中起着决定性的作用。习近平总书记提出"为党育人、为国育才",恰恰为我国新时代的教育变

---

① 辛涛,等.论学生发展核心素养的内涵特征及框架定位[J].中国教育学刊,2016(6):3–7.

革发展指明了重要方向。教育的标准、培养人的标准都与国家需要什么样的人才密不可分。坚持"为党育人、为国育才"规定了立德树人的方向，对"培养什么样的人，为谁培养人"作出了具体回答。①因此，立德树人是要培养出与国家发展步调一致的、能够适应国家发展所需的人才。所以核心素养为本的学校课程建设目标就是要解决"培养什么人、怎样培养人、为谁培养人"的问题，国家乃至地方的办学方向会直接影响到教育的性质以及最终的结果。

没有明确的目标和方向，所谓的核心素养为本的学校课程建设，便是无源之水、无本之木。基于此，立德树人是核心素养为本的学校课程建设的根本原则。在推进学校课程建设时，围绕这一根本要求，需要时刻反思以下几个基本问题：第一，学校课程建设的目标与方式，是否可以充分体现出国家社会对新时代人才的要求？第二，课程建设的价值取向是否能造就中国特色社会主义的建设者和接班人，为国家的发展和稳定服务？第三，学校课程建设能否促进和发展学生的核心素养，让学生具备个人成长和社会发展的品格和能力？可以说，立德树人就是以核心素养为本的学校课程建设过程中始终必须坚守的基本原则，不可动摇。

三、核心素养为本的学校课程建设是立德树人的实现路径

随着学校的专业化与普及化发展，提及立德树人，许多人首先想到的是学校教育。学校课程属于学校教育，而学校教育与家庭教育、社会教育共同构筑起立德树人体系，核心素养为本的学校课程建设是完成立德树人根本任务的实现路径，在我国教育事业中发挥着奠基石作用，是教育系统中的内在组成部分。

一方面，核心素养为本的学校课程建设落实在线下的课堂中，所培养的人文底蕴、科学精神、学会学习、健康生活、责任担当、实践创新等六大素养是学生未来发展成才的底色，对人的一生具有重要意义，学生毕业之后

---

① 李清明.新时代立德树人的内涵研究[D].成都：西南财经大学，2023.

所受到的教育影响皆在核心素养的底色之上晕染。在此前提下立德树人的根本任务才能够更好实现。

另一方面,核心素养为本的学校课程建设是教育系统中的内在组成部分,是立德树人的重要力量。入学之后,学生在学校学习的时间远远大于在家庭和社会中的时间,人在接受系统教育的过程中自始至终都与学校保持密切联系,在人的成长过程中,学校教育都发挥着重要的影响作用。教学改革是个庞大而长期的工作,立德树人的根本任务需要不同学校在核心素养为本的课程建设中同向同行、协调运转。

总之,核心素养为本的学校课程建设是社会主义教育事业的重要组成部分,对立德树人的实现具有基础性意义。学校课程建设的效果如何,决定着立德树人根本任务能否落实及其落实的成效。

第二节　立德树人和核心素养为本的学校课程建设何以可能

一、"立德树人"转化"核心素养"的可能性

(一)两者的内涵指向育人目标的契合

党的十八大提出"教育的根本任务是立德树人",是对教育根本问题的时代性回答,也是当前教育改革的研究重点。中国学生发展核心素养的根本出发点是落实立德树人这一根本任务。同时学生发展核心素养的研制和发布,是教育部落实立德树人根本任务的一项重大举措。立德树人是教育的根本任务强调在传授知识的同时,注重学生的品德培养和人格塑造。而核心素养则是现代教育的重要目标,它指的是学生在接受相应学段的教育过程中,逐步形成的适应个人终生发展和社会发展需要的必备品格与关键能力。从发展的角度讲,核心素养的目的是更趋向于学生的综合性发

展，与立德树人的思想不谋而合。所以，培养学生核心素养是实现立德树人的关键道路。落实立德树人的根本任务，发展学生的核心素养，使学生满足新时代的发展需求，逐步形成适应社会和终身发展需要的必备品格和关键能力，培养"有理想""有本领""有担当"的时代新人，才能指向"为党育人、为国育才"这一目标。

（二）两者的紧密关联是转化的关键

立德树人所强调的品德培养和人格塑造，与核心素养中的人文底蕴、责任担当等方面有着密切的关联。因此，在教育实践中，我们应该注重将这些品德要求融入核心素养的培养中，使学生在学习知识的同时，也能够形成良好的品德和责任感。立德树人转化为核心素养是一个长期而复杂的过程，需要家庭、学校、社会等多方面的共同努力。家庭应该注重培养孩子的独立性和责任感，学校应该提供多样化的教育资源和教学方式，社会则应该营造良好的教育环境和氛围。只有这样，才能真正实现立德树人的教育目标，培养出具备核心素养的优秀人才。

（三）立德树人的核心素养校本化育人目标案例

外国语小学立足落实立德树人根本任务，持续推进对学生的德智体美劳全面培养。学校基于自身性质，确定整体的课程目标和学生能力方向，认为国际视野、领袖气度、责任担当、合作力等尤为重要。因此外国语小学首先将国际视野与领导力、责任担当与合作力确定为学生核心素养的其中两项内容，其次立足培养全面发展的人，学校思考学会学习、健康生活、人文素养、科学精神、实践创新等方面在学生身上的具体体现，最终将"灵活多变与健康力""智慧化身与好奇力""自我管理与自控力""灵活多变与健康力""责任担当与合作力"这五大鲜明特色定为学校要培养学生的核心素养。

表3-1　外国语小学核心素养解读

本校学生 核心素养	具体表现	指向中国学生 发展核心素养
灵活多变 与健康力	爱运动、会生活,健康、自信、阳光,充满激情、活力四射	健康生活 人文底蕴
国际视野 与领导力	善思考,敢担当,具有大局意识,善于与人沟通,有很好的领导能力。通晓世界文化,通晓国际规则,关注国际大事,能熟练地运用英语进行日常交流,对迎接国际挑战有信心	人文底蕴 责任担当
自我管理 与控制力	遇事冷静,善于变通,能科学管理自己的时间和作业,对于学习和生活有明确的目的和科学的规划,能乐观从容地接受胜负顺逆,有很好的自我约束能力	会学习 健康生活
智慧化身 与好奇力	爱读书、爱学习,见多识广,在实践中验证自己的奇思妙想	学会学习 科学精神 实践创新
社会责任 与合作力	有社会责任感,有仁爱之心,乐于助人,懂得感恩,合作与分享中懂得尊重、平等和规则	责任担当

二、核心素养进入课程的实践可行性

那么如何进行立德树人的核心素养为本的课程建设?什么样的教育教学活动才能培育全面发展的社会主义建设者和接班人?特别是学校教育的基本途径——课堂教学中如何落实立德树人总体要求?这不仅是如何调整课堂教学方法与策略的事,更是要整体性调整课堂教学范式,更好地顺应立德树人对课堂教学的要求,从而更有效地完成立德树人对课堂教学提出的任务与要求。①核心素养作为课程育人价值的集中体现,最能体现课程的本质特征。

(一)核心素养课程建设的理论策略

第一,明确课程核心素养的目标。从根本上讲,学生发展核心素养是立德树人教育方针的具体化和细化,是对培养目标的整体描述,是课程教

---

① 周彬.论回归立德树人的课堂教学建构[J].中国教育学刊,2020(04):48-53.

材建设、教学改革的依据。因此，不同的学校在修订各学科课程标准的过程中，每一门学科都充分挖掘课程独特的育人价值，充分阐释对于学生核心素养培育的独特意义，基于学科本质将课程目标进一步凝练为学科核心素养。这就使得课程目标进一步指向学生，关注课程最终留给学生的是什么。

第二，整合课程内容。在设计课程内容的时候，除了传统的学科知识，还应有意识地融入核心素养的培养。例如，在语文课程中，除了语言文字知识的传授，还可以加入对文本背后的人文精神和审美情趣的探讨。在数学课堂中，除了培养学生明白数学概念和发现规律的能力，还要培养学生运用数学知识解决实际问题的能力，提升学生的空间想象能力和数形结合能力。

第三，优化教学方法。传统的教学方法已经不能满足核心素养导向下的课程教学，教师需要采用多样化的教学方法，如情境化教学、项目式学习、探究式教学等，以激发学生的学习兴趣，并培养他们的问题解决能力、创新能力和批判性思维，同时也有助于学生在真实而复杂的学习环境中锻炼和提升核心素养。

学校课程作为落实立德树人根本任务的关键课程，不仅承担着培育德智体美劳全面发展时代新人的教育使命，同时承担着培育社会主义建设者和接班人的政治使命。所以，围绕立德树人思想，明确培养核心素养综合发展的学生的方向，深入探究如何增强学生核心素养，是学校课程建设的重点。如此核心素养才能更有效地进入课程，为学生的全面发展提供有力支持。

(二)构建核心素养课程的实践案例

郑上路小学以其足球特色为切入点，以脑体双优理论为基础，确定其课程建设的主要方向为基于足球特色的脑体全优能核心素养课程体系建构研究，同时基于"和而不同，怀德好学"的教育理念之上，通过学校课程建设，实现学校"培养慧高体健的双优学子"的育人目标。其校本特色课程建设统称"和"课程,在"和"课程下开设健康力、学习力、审美力、生活力、创造力五力课程,分别侧重于培养学生的健康、学习、审美、生活、创造等核心素养,最终确定其校本化核心素养指标体系。

表3-2　郑上路小学"脑体双优"校本化核心素养指标体系

办学理念	育人目标	理论支撑	五育并举	五力素养	课程目标
和而不同,怀德好学	培养慧高体健的双优学子	脑体双优理论	德智体美劳	健康力	培养学生身心健康、坚强乐观、爱劳动讲卫生的品质素养
				生活力	培养学生热爱生活、自尊自律、诚实守信、文明礼貌、宽和待人的品质
				学习力	培养学生的阅读能力、思维品质,提升学生的学习素养
				创造力	培养学生动手实践、探索创新、劳动创造的素养
				审美力	培养学生勇于展现自我,审美、爱美、创造美的素养

三、核心素养为本的学校整体课程体系搭建

《义务教育课程方案(2022年版)》中指出,校本课程由学校组织开发,立足学校办学传统和目标,发挥特色教育教学资源优势。2023年5月,《教育部关于加强中小学地方课程和校本课程建设与管理的意见》颁布,其中明确"中小学地方课程、校本课程是国家课程方案规定开设的课程,是基础教育课程体系的重要组成部分"。课程包含了教育教学内容及其进程的安排,课程既是实现国家教育目的也是学校落实立德树人根本任务的基本载体。而核心素养为本的学校课程体系搭建是一个系统性的工程,它要求学校根据自身的特色和目标,结合学生的实际需求,去设计和实施一套完整的课程体系。

(一)核心素养为本的学校课程体系的构建路径

对于校本课程体系的构建,在实际的课程建设工作中,学校可以根据

教育部规定的六大"核心素养"为基准,立足"校本"。首先学校可以立足区域、校情、学情加工开发特色教材课程,缩短课程与学生生活经验的距离。具体来说,就是结合地方特色文化特征、学生生活经验、当地生产实际,呈现给学生能够"活学、活用、活化"的知识内容,使知识真正转化为学生的人格、能力与修养。[①]其次根据本校实情,结合地区文化底蕴,紧扣学生特点以及教学目标等,打造学校特色的课程建设品牌文化。拉近学生与核心素养为本的课程建设距离,使其易于理解,发挥育人作用。

对于德育课程体系的构建,学校首先要先确定德育目标,结合学校的办学理念和特色,明确德育的具体目标,如培养学生的社会责任感、公民意识等。其次进行德育课程设计,围绕德育目标,设计一系列具有针对性的德育课程,如道德教育、公民教育等;通过丰富多彩的德育活动,如志愿服务、社会实践等,让学生在亲身体验中提升道德素养。最后加强师资建设,培养一支具备高尚师德和专业素养的教师队伍,他们将成为学生德育成长的重要引领者。

对于国家课程的校本化实施,各学校需要充分理解国家课程标准,对国家课程标准进行深入研究,准确把握其精神和要求。同时进行课程融合,将国家课程与学校课程学校特色相结合,进行必要的整合和补充,以使其更符合学校的实际情况和学生的需求。教学方式也需要进行适当创新,在符合国家课程标准的前提下,鼓励教师创新教学方式方法,以提高教学效果和学生的学习兴趣。最后建立科学的评价与反馈机制,对国家课程的校本化实施进行定期评估,并根据反馈结果进行及时调整和优化。建立与核心素养相匹配的评价体系,注重过程评价和多元评价,以全面、客观地反映学生的发展状况。

---

① 魏宝宝,席海容,王庆霞.守本开新:学校落实立德树人根本任务的实践进路研究[J/OL].教育与教学研究,1-19[2024-03-30].https://doi.org/10.13627/j.cnki.cd-jy.20231109.004.

(二)核心素养为本的学校课程体系案例

在这里我们对郑州市中原区锦绣小学(以下简称"锦绣小学")核心素养为本的学校课程建设之路进行解读。锦绣小学基于学校地域和本校特色,在品质教育理念的引领下首先对"守中归原"教育哲学进行深入的解读,认为"守中"就是"立德","归原"就是"树人"。守中归原的具体目标就是:心中有中国、眼中有世界、脑中有历史、胸中有未来、能担当民族复兴大任的品质学生。基于此,学校将培养一批"敬师敬识、净心净言、静思静读、竞创竞行"的品质学生。把落实学生核心素养、促进学生健康成长,作为学校一切工作的出发点和落脚点,确定了以"敬、静、净、竞"为核心的校园文化,开启了"四JING"的校本课程品牌建设之路,进而将其代表的核心素养指标体系确立下来。

表3-3 锦绣小学"敬、静、净、竞"的核心素养与评价解读

分类	特征	多元才能	核心能力	评价指标
敬品格	内在	敬待万物	敬他人、敬学识、敬自然	态度
静能力	内在	知识整合能力 策划与决策能力	注意力、观察力、记忆力、思维力、想象力、理解力、听/视知觉能力	学习专注力、反思力
净行为	外在	净显敬畏	净语言、净行为、净环境	行为
竞意识	外显	心理素质、团队合作、理财能力	创造力、语言表达、操作能力、运算能力	学习成就感、自信心、思维灵活度、独立性

同时,锦绣小学的校训为"怀敬生慧、静思启智、静心知止、以竞励行",为了更好地打造"四JING"的校本课程品牌,学校将代表着核心素养的课程建设形象化,推进学校文化的落地、推广以及传播,于是诞生了"敬、静、

净、竞"的卡通形象。将四个卡通形象分别命名为"锦小鹿""锦小蝶""锦小喵""锦小虎"，其中锦小鹿代表"怀敬生慧"之"敬品格"，锦小蝶代表"静思启智"之"静能力"，锦小喵代表"净心知止"之"净行为"，锦小虎代表"以竞励行"之"竞意识"。

锦小鹿　　　　　锦小蝶　　　　　锦小喵　　　　　锦小虎

图3-1 "敬、静、净、竞"的卡通形象

综上所述，立德树人的核心素养为本的学校课程体系搭建需要学校从多个层面进行考虑和实施，包括明确核心素养、制定课程目标、融合课程内容、优化教学方法以及完善评价体系等。同时，校本课程体系、德育课程体系和国家课程的校本化也是这一过程中的重要环节，它们共同构成了学校在立德树人的核心素养课程体系建设中培养全面发展学生的完整框架。

第三节　立德树人为本的核心素养课堂教学案例分析

一、立德树人为本的核心素养课堂教学目标设计

将立德树人这一育人目标贯彻于课堂教学之中，是教师需要学习和运用的重要能力。如何在课程教学中树立立德树人的目标，推进指向这一目标的课堂教学呢？仅仅依靠课程标准的政策文件直接着手进行备课是难以实现立德树人育人目标的，需要结合教学实际中学生的特征，对学校培养目标进行凝练。结合学校目标进一步转化到课程目标，贴切育人目的，

坚持正确的价值观引导,做好课堂教学目标设计,把握立德树人的育人方向,落实核心素养课堂。

以《伟大的悲剧》这一课进行课例展示,授课教师更新教学思路,将育人目标融合在整个课堂教学的每一项进程中,实现真正有效地以立德树人为本的教学目标。

(一)传统教学目标的迷失亟待转变

在《伟大的悲剧》这一课中,教师常常会呈现出这样的教学目标:学习快速浏览课文的方法,梳理悲剧故事;能结合传记文学特点,理解"伟大的悲剧"内涵。可见,传统的课堂教学目标常常体现为学习方法、梳理故事、理解内容,很大程度上只是聚焦在知识、技能层面,缺失了核心素养中"情感、态度、价值观"的正确引导,并不能帮助学生形成完整的、全面发展的人。选择怎样的目标就会决定选择什么样的方法路径。在传统的教学目标指引下,该课的教学过程通常非常类似,套模板没有情意的流露。教师开始课堂导语:"英国作家萧伯纳说:人生有两个悲剧,一个是万念俱灰,一个是踌躇满志。当踌躇满志遭遇万念俱灰,又会产生怎样的结局呢?今天就让我们来学习茨威格的《伟大的悲剧》。"接着教师板书这一标题,并展示幻灯片引导学生了解本节课的学习目标:"请同学们齐读本课的学习目标。"幻灯片中呈现内容为:梳理悲剧故事;读"日记"解"悲情"知"伟大";合作探究,读第3、4则日记;教师深情总结。常见的教学过程也就如这张幻灯片所示,引导学生们进行阅读,探究故事内容。但按照这一教学过程,学生们有多大程度得以发展核心素养呢?不难发现,这一教学设计是常见的传统的教学方式,对核心素养的理解不够深入,也没能将立德树人的育人理念充分地融入课堂教学中。

(二)回归育人本质的课堂教学目标创新

如何调整这样的课堂教学模式?如何改革和创新当下的课堂教学?这要求落实立德树人的根本任务,围绕核心素养的发展创新课堂教学设计。首先，必须扭转传统的教学目标，深入结合核心素养的要求。

1.《伟大的悲剧》课堂教学目标的再设计

原目标：1.学习快速浏览课文的方法，梳理悲教学剧故事；2.能结合传记文学目标特点，理解"伟大的悲剧"的内涵。将这一目标转化为核心素养下的目标：1.带着好奇的心情去迅速浏览课文，并提炼出本故事的主要情节，自信地介绍给大家；2.怀着崇敬的心情品读文中的语言文字，感受语言文字表达的美，并结合文字的阅读深化对故事的理解；3.用批判式思维来重新拷问伟大的内涵，思考人生价值观。修改后的教学目标体现了对核心素养的贯彻，促进学生提升知识与技能的同时深度融合情感、态度和价值观的发展，明确突出对学生阅读过程的情感要求，引导学生对文字表达的积极态度，启发学生树立正确的价值观。显而易见，核心素养指导下的课程应当是具有情意的、深度思维的学习过程，不是抽象刻板的、简单阅读以及流于形式的"探究活动"。

2.外国语小学ME课程目标

外国语小学创建MELT融合课程，其中，ME课程作为MELT课程体系分支之一，同样呈现出跨学科特色课程的目标指向。外国语小学特色课程MELT中ME部分，ME是一个简称，M代表了mining，E代表了expressing。mining是学校"融"文化的缩写，expressing即沟通表达。

围绕阅读表达的ME课程目标设计具体如表3-4所示。

表3-4 ME课程目标设计

课程名称	目标制定
ME课程	通过多模态阅读，学生认识中华文化的丰厚博大，汲取民族文化智慧。关心当代文化生活，尊重多样文化，吸收人类优秀文化的营养，成为具有国际视野的现代外小学子
	通过项目式学习，学生能借助社区、博物馆、网络等资源主动进行探究性学习，激发学生的智慧与好奇力，在实践中培养社会责任与合作力
	在培养口语表达和书面表达能力的同时，发展学生思维能力。能根据需要，创新表达形式，进行多元表达

ME课程最初的目标设计源自四年级学生的课外读物《昆虫记》,而后对应到人与自然的课程模块,学校教师共同研讨设定当前的课程目标。可见,ME课程以中英文表达出发,具体目标包括指导阅读、项目式学习、多元表达等,通过课堂教学让学生在任务中汲取人类优秀文化,主动进行探究性学习,促进学生智慧与好奇力、责任与合作力、思维与理解力得到进一步的提升。

总而言之,课堂教学的改革与创新首先要开展课堂目标的设计创新,以学生的核心素养为出发点,培养全面发展的人,以传统文化助力课堂教学,落实立德树人根本任务。

二、立德树人为本的核心素养课堂教学过程设计

深刻理解课程本质,且明晰学校的培养目标,立德树人为本的核心素养课堂强调课堂教学的过程要紧紧把握育人价值的深度融合。通过改进教学过程和方法,实现多方面的育人功能,而不能停留在本学科知识技能的传授上[①]。在新的课程目标指导下,也就产生了新的教学过程。仍然以《伟大的悲剧》这一教学过程进行分析,主要体现为三个活动环节。

一是,速读知情节。教师引导学生们带着好奇心进行课文速读,并鼓励学生们自信地概括故事情节。在最开始的导入环节下,教师明确向学生们指出"好奇地"这一态度,有助于引导学生们塑造乐于求知的学习态度,后续再次提出"自信地概括"这一要求也是引导学生们形成自信的人格。

二是,探究悟悲情。这一阶段,教师要求学生们寻找文中能够打动自己心灵的描写状态的词句,小组进行合作探究,分类厘清思路,并深情朗读动人心弦的句子。相对比原来的教学过程,这一过程教师更为细致地将"如何进行小组合作探究"的布置逐一告知学生们,学生们直接且明确地了解自己应当在这一阶段如何进行学习与探究合作。从寻找打动心灵的句子,到分类思考,再到深情朗读,这三步骤体现了语言、思维、审美三位一

---

① 柳夕浪.为课堂教学落实立德树人定位导航[J].人民教育,2022(09):18-20.

体。多元素综合学习的过程才是核心素养形成的有效路径。

三是,讨论辩伟大。这一环节下教师可以带领学生拓展相关资料,围绕"伟大"这一主题共同讨论不同的价值观,帮助学生们形成正确的人生价值观。由此可见,经过如此一番更新的教学过程真正跳出传统教学模式的思维束缚,不仅让学生们学习知识、掌握技能,更是在各个教学过程中融合情感、态度、价值观的正确引导,实现真正的立德树人的育人目标。核心素养是知识、能力、情感、态度和价值观等的综合表现。每一位教育者都应当明确核心素养的重要性,逐渐学会将核心素养强调的元素蕴含于教学过程中,并在实际教学中帮助学生完善核心素养,从而实现立德树人的育人目标。

举例来说,以往的教学目标是:学习快速浏览课文的方法,梳理悲剧故事。融合核心素养的要求,从而转变为"带着好奇的心情去迅速浏览课文,并提炼出本故事的主要情节,自信地介绍给大家"。不难看出,其中主要的变化是结合了态度、情感的元素要求。那么,教师在教学实践中,备课时应当不断锻炼,提升自己对核心素养的敏感度,将情感、态度、价值观的要求结合到自己的教学目标中,在教学过程中更要关注自身对学生学习的引导是否涉及核心素养,是否能够帮助学生们完善人格,形成正确价值观。

追求课堂教学的效率,注重知识技能向学生的传递,对全面发展学生的重视程度不足。核心素养的完善在课堂教学过程中难以占据主要环节。传统的教学模式下所谓的高效教学并不能满足立德树人的根本任务。新的课程改革将核心素养的聚焦提上了新的阶段。课程教学最重要的目标是育人,树立这一信念,把握好正确目标,在教学实践中关注引导学生形成必备品格和正确价值观,从而使立德树人的课程教学得以有效落实。尽管这样的观点许多教师都内心明晰,但是自身在专业发展上却仍然有待提高,如何更好地转变教学模式,促进学生形成核心素养,这一课改问题要落实难度并不小,关键在于教师积极主动站在教育教学课程的开发者和建设者的角色定位上,不断在教育实践中探索与创新。想要进一步推动立德树人课程教学改革,让教师队伍提升这一方面的能力,学习有效案例是必不可少的路径之一。

以立德树人为本进行的课程教学,郑州市中原区各实验学校结合学校特色逐渐在教研中形成了各具特点的课程案例成果。

三、立德树人为本的核心素养课堂教学评价设计

培养健全的人格远远重于传递学科知识。脱离了立德树人为根本目的的课堂通常会形成围绕知识传授的课堂活动,关注的是知识点是否讲解清楚了,是否将难点讲透彻了,学生们是否理解掌握这个知识点。如此的教学过程,将学生看成知识接收器,对他们在学习过程中的情感流露、人格体现都缺乏关注。学生的全面发展,在教学过程中需要教师共同参与。各学科之间的课堂教学应当存在必要的联系,也就是常说的跨学科整合,割裂的学科教学很难让学生形成核心素养的全面发展。重视知识与技能学习的传统教学模式确实具有其有效性,想要实现教学模式的更新与转变具有一定难度。确保课堂教学的质量,让核心素养得以落实,学校课程教学改革创新需要完善教学评价设计,以评价促进教学,促进学生核心素养的提升。

郑州市中原区各实验学校为课程创新,持续积累,开发了属于各自学校发展理念的教学评价设计。郑州市中原区锦艺小学(以下简称"锦艺小学")创设儿童CHILD特色课堂,围绕CHILD课堂对应元素建立课堂评价标准,并依据实践情况调整更新具体内容(见表3-5)。

表3-5 "儿童CHILD"课堂教学评价标准

评价要素	评价要点	评价指向	评价指标及 基本表现
连接性 Connecting	链接与联系	学生的学	知识的连接 生活的联系
希望性 Hopeful	探索与质疑	教师的教	儿童的展示 积极的探索

续表

评价要素	评价要点	评价指向	评价指标及 基本表现
交往性 Interactive	互动与交流	学生的学	多样的互动高效的 交流
生活性 Living	活动与活泼	教师的教	真实的情境 自主的活动
实践性 Developing	拓展与应用	学生的学	切身的实践 主动的应用

在课堂教学评价设计的过程中，锦艺小学各学科教师围绕CHILD课堂五要素开展集体研讨，进行文献研读，结合学校的教学实际和专家的指导意见制定出鲜明特色的评价标准。在具体的学科课堂教学实践中，不同的学科教学评价设计也处处都体现着核心素养的追求与立德树人的方向。以二年级《夜宿山寺》一课的评价设计举例。在知识层面，要求学生能够做到对生字的书写正确、工整、美观；在技能层面，达到正确、流利、有感情地朗读课文；在情感与价值观层面，能够体会诗歌的意境和诗人的感受。教学评的一致性，立德树人的目标需要始终贯穿于全过程。核心素养课堂教学的评价设计更需要教师集体研讨，共同参与，集思广益，站在教育教学研究者的视角上为学校的课堂教学实际开创出能够促进教学质量提升的评价设计。

淮河路小学通过多年教学理论与实践的积累，打造学校特色的核心课程体系——沁润课堂，依据内涵的三大要素，即情感体验、互动交往和动态生成，构建沁润课堂教学评价标准。在课堂评价方面，坚持沁润课堂的教育理念，以教师为主导，以学生为主体，围绕三大要素制定评价标准（见表3-6）。

表3-6　沁润课堂教学评价标准

要素	目标	评价量规			
		教师	等级	学生	等级
情感体验	丰富情感收获成功	1.营造氛围,以生为本 2.尊重差异,因材施教 3.激活情感,多元评价	☺☺☺	1.自主选择方法 2.敢于发表见解 3.丰富情感表达	✿✿✿
互动交往	相互学习团结协助	1.结合情境,搭建平台 2.指导互动,传授方法 3.关注参与,鼓励互动 4.适时调控,促进提升	☺☺☺	1.积极参与互动 2.自主发现问题 3.积极探索新知 4.善于合作探究	✿✿✿
动态生成	探索新知掌握技能	1.精心设计,引导生成 2.拓展资源,促进生成 3.捕捉问题,调整预设	☺☺☺	1.转变学习方式 2.自主合作探究 3.大胆质疑创新 4.展示研究成果	✿✿✿

从课堂教学评价标准中已然可以发现,知识的传授并不是教师在课堂教学中的唯一关注点,三要素所涵盖的教学目标彰显出"以人为本、全面发展"的教育观,在评价表中教师角度和学生角度呈现出教与学的互动重要性。教师主导,学生作为学习主体积极参与,沁润课堂密切关注学生核心素养的发展,追求课堂教学能够真正地落实育人价值,回归立德树人之本。

表3-7　伏牛路小学雅实课堂教学评价设计表

要素	目标	基本表现及得分			
		教师(100分)	得分	学生(100分)	得分
雅境(10分)	营造学生熟悉的生活实际情境,利用学生熟悉的数学知识引入新课,唤起学生的好奇心和求知欲	1.利用生活化的情境或具有挑战性的数学问题,激发学生主动参与到学习中来(3分)		1.学生积极性高,乐于参与到学习活动之中(3分)	
		2.教师教态端庄大方,亲和力强。形成民主、平等、和谐的课堂氛围(3分)		2.在学习活动中,能够用数学的眼光发现数学信息,提出数学问题,敢于挑战新知识(4分)	
		3.能够在小组合作中,关注到每一个学生。具有教育机智,能抓住生成性资源,根据学生的课堂表现适时调整教学,以达到预设目标(4分)		3.乐于参与到探究活动中,合作氛围浓厚热烈,每个小组成员都积极参与到解决问题之中(3分)	

续表

要素	目标	基本表现及得分			
		教师(100分)	得分	学生(100分)	得分
雅言 (30分)	课堂语言准确、简练学、规范	4.对概念、定律等结论性知识的表述能够做到正确、科学、规范(10分)		4.回答问题时能够做到:表达完整,表述规范,评价客观(10分)	
		5.能够通过语音、语调的变化引起学生的关注,利用语言的魅力吸引学生,引导学生参与到问题解决之中(10分)		5.能够用文明、客观的语言与教师、同学进行互动(10分)	
		6.能够运用激励性、客观性的语言对学生的回答进行评价和引导(5分)		6.敢于发问、敢于质疑,乐于与同伴交流解决问题的思路与步骤(5分)	
		7.能运用眼神、动作等无声语言与学生进行互动(5分)		7.能够对所学的数学知识进行复述和总结(5分)	
实作 (30分)	注重知识地探索,倡导在"做中学"	8.能够设计具有层次性的操作活动,组织学生运用学具探索知识,得出结论(10分)		8.学生能够根据合作学习的要求,做到主动探究,不惧困难,大胆展示(10分)	
		9.在小组合作时,时刻关注学生合作的动态。并注意进行适时的指导与跟踪(10分)		9.在探究活动中,能够根据教师提出的问题寻找解决策略,与同伴共同研究问题(10分)	
		10.利用问题链、任务链等方式,带领学生通过实验、对比、归纳获取知识,提高思维水平(10分)		10.学生能够建立数学模型,利用所学的知识解决日常生活中的类似问题(10分)	
实创 (30分)	设计知识拓展类应用问题,培养学生思维的多样性和开放性	11.设计开放性的问题引导学生去思考、去解决(15分)		11.对于开放性的问题,能够运用两种及以上方法进行解决(15分)	
		12.给学生创编、改编的机会,让学生根据所学内容设计教学问题解决(15分)		12.能够用已学知识解决具有一定挑战性的综合性实际问题,并分享自己的解法及理由(15分)	
	合计				

伏牛路小学雅实课程中的雅实课堂教学评价标准如表3-7所示,具体分成了四大要素呈现教学目标,细致到每一维度的目标如何通过评分实现

教学效果的可视化。雅实课堂同样关注着探究活动如何发展学生的核心素养，但是在教学实际中更多地通过小组合作探讨的学习方式，以教师引导，学生自主探究的开放式活动，实现"做中学"。课堂教学目标在知识与技能的关注之外，同样联系学生的情感素养以及合作精神的发展，对学科的好奇心以及学习内驱力的激发，提升学生创新思维的能力，课堂教学的成果最终面向学生未来生活中面对问题的解决能力。

　　希望以上案例能够为课堂教学的改革与创新在具体的实践层面提供思路。必须明白，课堂评价设计需要教师站在研究者的角度，深度理解课堂教学的核心要求。以评促学，促进课堂教学的质量，充分提升教学互动过程的育人价值。

　　以人为本、全面发展的教育理念要求教育者明晰学生的成长从知识的学习转变到全面的发展，特别是对情感、态度、价值观的培养不容忽视，更加需要教育者提升重视评价设计中对这些维度的关注。

第四章 学校特色为基:核心素养为本的学校课程建设的路径选择

　　课程体系的建设是学校教育改革的重要载体。课程建设以核心素养为导向,是深化教育综合改革,加快推进教育现代化的需要。要想将核心素养从一套理论框架落实到具体的教育和社会活动中,其关键在于将核心素养融入学校课程体系建设中,基于此推进课程实施和课程评价。学校课程建设首要的标准不是课程的数量,不是单纯强调学科知识,而是考量课程建设是否指向学生的核心素养,是否将核心素养与课程融合发展。学校课程建设只有基于核心素养培养的价值追求和学校文化特色支撑,才能增强学校教育活力,达成培养"完全的人"的教育终极目标。

　　基于此,以核心素养实验学校为例,本书提出了四种核心素养为本的课程体系建设实践范式:文化推衍式、特色渗透式、目标引导式和内涵提升式。核心素养实验学校依据中国学生发展核心素养体系,在原有的国家课程、地方课程和校本课程三级课程基础上,经过统筹、整合、拓展和创新,形成了集基础课程、拓展课程和特色课程三大类的学校课程体系,促进了学生全面且有特长式的发展,实现了学校内涵发展的系统性突破。

第一节　文化推衍式的学校课程建设路径

一、文化推衍式的内涵与特征

（一）文化推衍式的内涵

学校文化是一种隐性课程，学校的环境，教师与学生之间的交往都能彰显学校文化，潜移默化地影响学生的成长和学校的发展。文化推衍式立足于学校已有的文化基础，对核心素养展开校本化理解，围绕育人目标，科学选择与合理建构学校课程体系，从而实现以课程文化为核心的学校文化再造。文化推衍式其实就是将学校文化这门隐性课程转化为显性课程，对学生的发展产生直接的影响。该路径强调实现课程目标与学校人才培养目标的统一，重视科学选择与合理建构学校课程体系（包含内容体系与实施文化价值体系），继而实现以课程文化为核心的学校文化再造模式。

（二）文化推衍式的特征

其一是独特性。每个学校都有其独特的文化和哲学追求。每门文化推衍式课程都是学校根据自己学校文化特色、办学理念和培养目标来设计的，具有独特性。课程将学校的教育目标、特色文化和学生素养目标融入教学中，形成具有特色的教学模式和学习体验。

其二是以人为本。在文化推衍式课程建设中，需要充分尊重教师和学生的发展需求，通过访谈和问卷调查收集他们的意见，倾听他们的想法。从课程目标建构、内容体系设计到课程实施，文化推衍式注重人本，旨在促进教师专业化发展和学生核心素养发展。[1]

---

[1] 郭四化.育人模式转型:推进海港文化特色课程建设[J].中学课程资源,2022,18（08）:76–80.

其三是传承性。学校文化推衍式课程立足学校文化基础,深受学校精神文化的滋养,将学校历史传统、价值观精神贯穿于课程内容和教学活动中。学生在吸收知识的同时,也能传承和发扬学校的文化传统。

二、文化推衍式学校课程建设的方法与策略

每一所学校都蕴藏着宝贵的文化财富,孕育学生的未来发展。文化推衍式学校课程建设遵循着一定的方法与策略。一是导向策略。在文化推衍式学校课程建设过程中,学校需要明确自身的育人目标和办学理念,思考学校文化课程的出发点,找到属于自己的学术逻辑。当前,我国学校课程改革以学生核心素养发展为本,坚持立德树人的育人理念,发展素质教育。因此,文化推衍式学校课程建设应以发展学生核心素养、深化中华优秀传统文化教育为导向,建构科学合理的育人目标。二是循序渐进策略。文化推衍式学校课程建设无法一蹴而就,必须坚持循序渐进。学校文化课程先要有目标体系,在此基础上构建相应的内容体系形成较为系统的课程框架,最后付诸实践。[①]同时,内容体系的建构也需要一步步来完成,通过自上而下或自下而上的方式了解现行课程的状况与需求,在此基础上选择、重组与整合课程内容。三是传承策略。文化推衍式学校课程建设将课程文化与学校文化相融合,以课程为载体传承学校文化。

(一)基于"和美"文化的课程目标体系建构

构建学校课程体系首先需确立以学生核心素养为中心的课程目标,这是实现育人目标在课程领域的具体化。在制定这一体系时,应深入探讨如何将核心素养与学校的文化特色融合,打造富有人文关怀的课程目标架构,该过程分为两个关键环节。一是实证研究,它体现对个体的重视,通过收集并整合学生及教职工的意见,运用小组访谈、课堂观察和问卷调查等

---

① 杨志成.做好新时代中国特色学校课程文化建设[J].中国教育学刊,2018(08):72-76.

方法来构建目标体系。二是人文理解,即在深刻理解学校文化的基础上,通过词源探究和文化分析等手段,建立与之相契合的课程文化体系。最终,结合学校核心团队的洞见,形成具有独特特色的课程目标体系。佛山市顺德区顺峰中学(以下简称"顺峰中学")自建校以来,就对"和美"特色学校文化建设进行了深入的探究实践,明确了学校对和美文化的价值诉求,构建了顺峰中学"和美教育"的特色办学理念。为了构建基于"和美"文化的课程目标体系,研究组首先对"和美"进行了词源考察研究,接着对"和美"所蕴含的教育理念作进一步探讨。例如,"和美"文化要求教师队伍要不断促进专业化发展,并深化良好师德的建设。把握学生的个性,尊重学生对教学活动的主体选择,遵循教育教学规律。其次研究组进行了实证研究。研究组通过小组访谈了解教师对和美教育理念及其表现形态的看法。最后,研究组对顺峰中学核心团队进行了进一步的意见征询。在专家团队和学校核心团队多次智慧的碰撞下,通过不断地修订完善,顺峰中学"和美"特色课程目标体系得到基本的确立。其分为四大素养和八大标准(见表4-1)。四大素养分别是身心健康、友善互助、责任关怀和实践创新。八大标准分别是悦纳自我、强体尚美、沟通交流、团结合作、国际理解、人文精神、劳动参与和问题解决。

表4-1　和美特色课程目标体系与学生发展核心素养的对照

国家层面的核心素养	"和美"人核心素养		"和美"人八大标准
健康生活		身心健康	悦纳自我
			强体尚美
责任担当	学会学习	友善互助	沟通交流
			团结合作
人文底蕴		责任关怀	国际理解
			人文精神
实践创新		实践创新	劳动参与
科学精神			问题解决

(二)基于"和美"文化的课程内容建构

课程目标体系的确立是塑造课程内容架构的关键条件,它决定了整个课程体系的结构与发展。构建课程内容时,可以采用自上而下和自下而上的策略。前者涉及理论层面的文献分析,研究团队通过此方法挖掘支持课程分类与选取的理论依据;后者则关注实地访谈和观察,以掌握课程现状和具体需求,并对现有课程内容进行整理。在构建过程中,研究团队首先运用问卷调查来评估学校现行课程的状况和满意度,并识别存在的问题。综合这些信息,结合学校核心团队的咨询意见,最终形成一套全面而有效的课程内容体系。例如,调查显示顺峰中学的教师团队课程主体意识明显偏低,这意味着教师在课程内容开发和设计方面缺乏考虑学生的需求。同时,研究团队也对顺峰中学原有课程表进行了分析。基于对原有课程内容体系的问题清理,研究组重组与整合原有的课程内容体系,建构新的课程内容体系。最后,学校核心团队对课程内容体系进行了进一步讨论。基于以上三个步骤,围绕学校课程目标体系,顺峰中学构建了"和美"特色课程内容体系(见表4-2)。

表4-2　"和美"特色课程内容体系与课程目标的对应

课程目标	主题课程	课程文化	课程分类	
身心健康	和馨	躬行 审美	健康类课程	学科必修课程
			艺术类课程	学科选修课程
友善互助	和善	互助	语言类课程	
			品德类课程	活动必修课程 (微课程、节日课程)
责任关怀	美心	自律	人文类课程	
实践创新	美行	思辨	科学类课程	
			技术类课程	活动选修课程

"和美"特色课程内容体系体现了三个特征:其一是内容设置的多元化。"和美"特色课程内容体系根据课程目标的不同划定了"和馨、和善、美心、美行"四大主题课程群,每个课程群由不同类别的课程组成。其二是相互交融的网络结构。"和美"特色课程内容体系是以某一类型的课程为主导、多种类型的课程共同作用的结果。其三是以学生的发展需求为本。"和美"课程内容体系体现了学校、教师、学生的主体性。学校的教师团队在充分考虑学生

意愿的基础上,结合学生的意见,开发设计并实施相应的课程内容。

(三)基于"和美"文化的课程实施体系建构

课程实施是将课程蓝图转化为现实的关键步骤,也是实现既定课程目标的基本路径。仅当课程内容体系得以具体执行时,其内在价值才能得以体现。业内专家如富兰等概述了三种典型的课程实施取向:忠实取向、相互适应取向和创生取向。当前课程改革倡导的是相互适应取向,这一取向强调对既定课程计划的灵活调整,视课程实施为课程设计与实际教学场景在内容与目标等方面的互动与适配过程。

在传统的学科中心课程观念下,教师可能对课程的培养目标认识不清,往往将课程目标简化为对内容的掌握程度,忽略了更深层的认知发展。这导致教学过程中重记忆轻理解,缺乏对方法论、情感态度等领域的深入探索。要解决这一问题,必须在课堂中融入相应的课程实施文化价值,引导教师打破学科壁垒,超越界限,根据具体课程目标并结合内容来构建一个富有成效的课程实施文化价值体系。在建立这样的实施体系时,学校可以采取理论与实践相结合的研究方法。

立足于顺峰中学的实际情况,研究组首先采用了课堂观察和问卷调查的方式来了解顺峰中学当前的课程实施现状,并针对不同的课程的性质,提炼了相对应的课程实施文化价值理念。其次运用理论对文化价值理念进行整理和归纳,主要有两方面的内容。一是对各主题课程所应具备的课程实施文化进行界定。在这一过程中,研究组将各类课程提炼出来的课程实施文化价值根据课程内容体系的分类,进行了新的整合。二是对各课程群所主导的课程文化价值进行了内涵阐述。首先对其进行文化分析,挖掘其文化内涵,其次对其所应具备的实施要素进行理论分析。

"和美"特色课程内容体系涵盖了"和馨、和善、美心、美行"四大核心课程群落,每个群落均由各类必修与选修学科课程及必修与选修活动课程(包括微课程、节日课程)组成。这一体系融入了引领性的课堂文化价值观念,构筑出一套"和美"特色的课程实施文化价值体系,包括"躬行""审美"

"互助""自律"和"思辨"五大课程文化价值。这些价值观不仅是对"和美"课程主旨的深化与拓展,同时也为教师在课堂上的实施提供了具体的价值指引与评估准则。换言之,这五大价值构成了连接课程理念与课堂实践、桥接理论与现实以及串联目标与评价的关键纽带。

第二节　特色渗透式的学校课程建设路径

一、特色渗透式的内涵与特征

(一)特色渗透式的内涵

学校的课程特色体现在课程目标、课程内容、课程实施或课程评价等任一方面,彰显与同类学校质的差异性和优质性。[1]特色渗透式强调基于学校已有的课程特色,围绕核心素养的育人目标,将这种特色有机渗透到整个学校课程体系的建设当中,从而保证学校课程体系将这种特色的内核完整地凸显出来,并起到浸润式的育人效果。

(二)特色渗透式的特征

一是优质性。特色渗透式的学校课程应有明显的优势。与其他学校的课程相比,这类课程能够代表学校课程建设的水平,具有先进性;与校内其他课程相比,能够体现学校鲜明的特色。所谓的优质性既能彰显课程实施的效果,又能体现本体课程的科学性。[2]

二是普及性。特色渗透式课程要在一定程度上体现办学特色和课程优势,向全体或多数学生开放,促进全体学生的参与,这样才能充分体现特

---

① 龚海平.论特色课程与课程特色建设[J].江苏教育研究,2014(28):7—10.

② 范俊明.关于中小学校特色课程建设的几点思考[J].基础教育课程,2018(13):24—29.

色渗透式课程的价值。

二、特色渗透式学校课程建设的方法与策略

特色渗透式学校课程建设遵循着一定的方法和策略。一是在实践中创生,立足本色。所谓"特色"是区别于其他事物所独有的风格和形式,是由所在的特色环境因素决定的。因此,在建设特色渗透式学校课程前,应当充分挖掘当地学校的优势课程资源,关注学校的传统优势项目或实践活动,将传统优势项目和实践活动融入课程建设。通过持续的探索与实践,在课程教学活动中逐渐形成自己的特色,让课程特色成为一种课程文化。二是层层渗透。特色渗透式学校课程应层层渗透,既要关注教育思想层面的特色,又要关注操作层面的特色。教育层面即明确教育理念和培养目标的特色,学校要培养什么样的人;而操作层面即内容与管理上的特色,用什么培养人和怎样培养人。[①]三是以生为本。特色渗透式课程要以促进学生的发展为出发点,不能为了特色而特色,刻意迎合某种主流社会所认为的课程教学模式。特色渗透式课程除了要考虑学校特色资源,更多考虑的是学生需求,充分体现了"一切为了学生全面而有个性的可持续发展"的教育理念,为学生的学习需求创造了条件。[②]

以郑上路小学足球特色为例。郑上路小学作为一所足球特色学校,校园足球是学校的龙头项目,由学生组建的球队曾在国内多场比赛获得冠亚军。足球特色融入"健康力"课程,以"和而不同,怀德好学"为课程理念,坚持"以体建智"教学理念,并贯穿于课程建设的每个部分。

(一)凸显"足球"特色的课程目标体系建构

郑上路小学的教育理念是其课程体系构建的基石,它界定了课程内容的范围与功能。在设定课程目标时,学校致力于超越单纯的知识传递和技

---

① 朱新吉.校本课程开发策略几种模式的比较[J].新疆教育学院学报,2004(04):44-46.
② 黄小平,杨莹.学校课程特色与创建特色学校[J].福建基础教育研究,2010(05):35-36+50.

能训练,更重视学生个性培养与核心素养的提升。秉承"和而不同,怀德好学"的办学宗旨,郑上路小学将"培育德智体美劳全面发展的优秀学子"作为其教育目标,并据此开发了涵盖健康力、学习力、审美力、生活力、创造力五个维度的课程,以及特色足球课程"足以育智 球以健体"。这些课程相互关联、相辅相成,共同推动学生全面发展,实现教育目标。

具体而言,健康力课程旨在塑造学生坚韧乐观的性格,促进身心健康,培养勤劳卫生的习惯;学习力课程着重提升学生的阅读理解和思维能力,增强学习素质;审美力课程鼓励学生勇于表达自我,培养审美意识和创造美的能力;生活力课程强调劳动的价值和道德品质,教导学生热爱生活、自尊自律、诚实守信、文明有礼、和谐相处;创造力课程则聚焦于智力与劳动的结合,激发学生的实践探索精神和创新能力。通过这样全面而系统的课程设计,郑上路小学致力于培养具有全方位素养的未来栋梁。

(二)凸显"足球"特色的课程内容体系建构

为打造与学校发展战略相契合的课程体系,核心素养团队采取了访谈和观察手段,深入剖析了学校的历史沿革和文化内涵。通过问卷调研的方式,对校领导、教师和学生进行了细致的分析。调查结果揭示了学校在校园文化建设方面具有坚实的基础,同时也指出了资源开发不足、教师课程意识及管理能力不足以及学生关键核心素养培养的迫切需求等短板。

在此基础上,核心素养团队坚守"和而不同,怀德好学"的教育理念,以培育德智体美劳全面发展的学生为己任,挖掘郑上路小学的足球特色潜力。依托"脑体双优"理论、具身认知理论以及脑神经科学理论,确定了课程内容的主要发展方向,构建基于足球特色的脑体全优能核心素养课程体系,统称为"和"课程。在这一体系下,开设了健康力、学习力、审美力、生活力、创造力五个维度的课程,并推出了独具特色的足球课程"足以育智 球以健体"。

郑上路小学的脑体双优课程体系涵盖了办学理念、育人目标、理论支撑、五育并举、五力素养、课程目标、国家课程、校本拓展课程、社团活动及综合实践课程等多个方面。其中,足球特色课程包括体育课、足球特色课、体育训练课三大模块,旨在激发学生对足球的热情,利用足球训练促进学生身心发展,培养团队精神,并提升球队技战术水平,使足球成为学校的一张亮眼名片。以足球为核心的五力课程内容体系展现出三大特点:首先,它满足了学生多样化的成长需求,课程目标不仅仅是培养学生的技能,而是致力于德智体美劳全方位发展;其次,课程内容设置层次分明,丰富多样,依据国家课程、地方课程、校本课程以及延伸课程的架构,将不同学科进行分类与整合,打造出旨在健脑、健体、健心的系列健康课程;最后,学校还开发了一系列综合课程,旨在增强学生的爱国爱党情感,弘扬和传承中华优秀传统文化(见图4-1)。这样的课程体系不仅丰富了学生的校园生活,也为他们的未来奠定了坚实的基础。

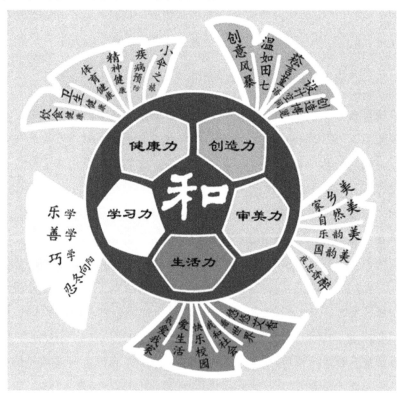

图4-1 和课程图谱

(三)凸显"足球"特色的课程实施体系建构

郑上路小学以和文化为基础,围绕学习力、健康力、生活力、审美力、创造力五大主题,不断整合、拓展、补充课程内容,构建五力跨学科主题特色课程,以求达到不同课程融合共生、相互促进的目的。郑上路小学五力课程跨学科主题特色课程通过校本课程来实施。授课教师采用主题式、情景式学习等教学方式,以课程活动手册为课程内容,根据不同的活动手册板块,采取各种"项目式"活动,如研究性项目、实用性项目、实践性项目、创新型项目和综合性项目等形式来推动学生的学习,在校本实践中不断更新课程体系,落实学生核心素养。

郑上路小学校本课程采取"师生双向选择式"班级授课模式,教师在学期初要先确定好校本课程主题、内容、年级与学生数,然后向学校提出校本课程申请,通过审核后可招募学生上课。学生可根据自己兴趣选择喜爱的校本课程来进行学习。以郑上路小学健康力跨学科主题课程为例,在学校基于"足球"特色的脑体全优能核心素养课程体系的引领下,健康力跨学科主题课程微团队成员根据小学阶段学生身心发展的规律,并融合学校的足球特色课程,设计了不同类型和层次的课程模块,分别是饮食健康、卫生健康、体育健康、精神健康和疾病预防。学生通过健康力跨学科主题课程的学习,培养身心健康、坚强乐观、爱劳动讲卫生的品质素养。

第三节 目标引导式的学校课程建设路径

一、目标引导式的内涵与特征

(一)目标引导式的内涵

当前学校特色课程开发的模式之一是目标参照模式,该模式基于泰勒目标原理,遵循自上而下的路径,以学校的办学理念、培养目标入手,设计课程内容并对课程实施评价。①因此,目标引导式强调围绕"培养怎样的人",形成学校的育人目标,并以目标倒推的形式,保证学校所有教育活动都指向这一目标的达成,避免了课程建设过程中出现方向上的错乱。在课程目标设置方面,强调基于学校的办学理念,结合社会发展的需要,形成学校的教育目标,并以此作为引领开展学校的教育改革活动。在当今学校特色课程育人目标与特色课程建设相辅相成,相互促进。

(二)目标引导式的特征

其一是方向性。课程哲学是学校课程开发的逻辑起点,是指定课程目标的标准。因此,课程哲学观为课程目标的设定指明了方向。学校应当明晰适合本校的课程哲学,以此延伸出与课程哲学相契合的课程目标,规划出独特的课程体系。②此外,课程目标指引着课程内容和教学方法的设计与实践,由此课程所触及的所有教育活动以该课程目标为核心来展开,确保教育活动能够推动学校整体的教育理念的实施。

其二是递进性。课程目标的设计应该按照一定的层次和顺序逐步实现。教育者在设计课程时需要考虑到不同层次的教育目标,这种从基础到高级的递进有助于学生建立坚实的学习基础,并逐渐形成完整的知识体系。③目标引导式课程以学校办学目标为基础,延伸到育人目标和课程目标,根据不同发展阶段的学生设计具体目标。

二、目标引导式学校课程建设的方法与策略

目标引导式学校课程建设遵循着一定的方法与策略。一是四维定位与取向。确立课程目标需从三个关键维度出发,知识与能力、过程与方法、情感态度与价值观,确保内容全面涵盖。进一步细化为四种取向:普适性

---

① 黄晓玲.普通高中学校特色课程建设的实践路径[J].教学与管理,2012(28):37-40.

② 范俊明.关于中小学校特色课程建设的几点思考[J].基础教育课程,2018(13):24-29.

③ 杨庆余.初论活动课程目标体系的构建[J].上海教育科研,1998(11):28-31.

目标,反映哲学理念、社会共识及伦理规范;行为性目标,追求具体可量、操作性强的目标设定,如学生掌握特定词汇量或阅读能力;生成性目标,强调阶段性成果,促进持续进步;表现性目标,则着重目标的创新性和个性化特征。[1]二是共性与个性相结合。学校课程目标是将教育哲学具体化,其共性基础上的独特个性特征塑造了学校课程的明确轮廓。[2]目标引导式学校课程的共性目标从国家对教育的主流价值观和学校办学理念入手,而个性目标则是明确"为谁培养人""培养什么样的人"等育人目标问题,关注教师和学生的个性化发展需求,促进教师专业化发展,激发学生学习兴趣和学习动力。三是多方协同,全员参与。结合自身的办学理念、培养目标,通过学校领导、教师和学生的共同参与和协商,学校形成了多维立体的课程目标体系。

育人目标应成为特色课程建设的依据,而特色课程为学校育人目标的实现提供具体的支撑。[3]在此基础上,锦艺小学根据"文化基础、自主发展、社会参与"三大类中国学生发展核心素养,结合自身的办学理念、培养目标,通过学校领导、教师和学生的共同参与和协商,形成了多维立体课程的目标体系。

(一)童年课程目标体系建构

核心素养为本的课程改革既强调人共性的要求,又蕴含着个性化要求。因此,在践行核心素养为本的课程体系和课程目标时,应当尊重学生的个性特征,满足学生发展的个性化需求。办学目标是学校一切教育活动的出发点,为学校的教育教学活动和课程体系建设提供了前进的指引方向,体现学校的办学理念和教育特色,为学生的核心素养成长和学校的长

---

① 舒伊.学校特色课程开发的实践框架[J].湖北成人教育学院学报,2013,19(01):23-24.

② 熊德雅,龚春燕,胡方.特色课程开发的逻辑起点与关键要素——探讨中小学特色课程开发的几个关键问题[J].中小学管理,2015(11):4-7.

③ 徐士强.本道术原:普通高中特色课程的建设逻辑[J].中国教育学刊,2019(07):42-48.

远发展奠定坚实的基础。遵循"织锦造艺，以艺化人，锦艺自天成"的办学宗旨和中国学生核心素养的指引，锦艺小学致力于打造一个深具影响力的"童年"教育品牌。旨在建立一个以"童年"为核心的素养课程体系，塑造学校独特身份，促进教师成长，推动学生全面发展，并提升教育现代化的品质，为学生的终身发展打下坚实基础。锦艺小学的办学目标涵盖三个关键领域：学校、学生和教师。在学校层面，努力打造成一所特色鲜明、影响深远的"童年"教育品牌学校，树立行业典范。在学生层面，以学生为本，关注其全面而个性化的成长，让儿童保持纯真与活力，享受充满童趣的生活体验。在教师层面，通过课程研发和行动研究，我们革新教师的教育观念和课程思维，增强科研实力，有效促进教师团队专业成长。锦艺小学将其办学理念和综合目标融合，在"童年"教育的指导下，带领教师团队共同筛选并确认了数十个关键素养词汇。经过深入讨论与验证，学校针对中国学生的核心素养进行了本土化诠释，确立了"健康生活、互助合作、博学慎思、审美创造"作为学生发展的四大核心素养，旨在培养孩子们在社会、人文、精神和自然领域的全面成长。将学校的育人目标定位为：培养健康生活、互助合作、博学慎思、审美创造的学子。该育人目标与童年课程的目标紧密对齐，具体内涵包括：

一是健康生活的儿童。能认知自我，能管理自己的情绪、心理和精神，内心平和；使自己的生活充满理性和明智的决定，并为自己的行为负责。积极锻炼身体，热爱生活，特别是在维持和改善自然与社会环境方面能做力所能及的事。

二是互助合作的儿童。了解中国的文化传统，发扬中华民族的优秀传统。能认同生活中不同性格的人，有一定的包容心，发展自己的价值观和美德，如诚实、毅力、对他人尊重、善良明理、会感恩、有责任等。

三是博学慎思的儿童。能独立确定学习任务，灵活调节学习时间，合理地计划学习程序，自觉完成学校学习任务及课外学习任务。在掌握基本技能（如阅读能力、知识迁移能力、表达能力、动手实践能力、信息获得运用能力、选择学习能力等）的基础上，可以与从他人协作中获益，并乐于与人分享学习所得。能学着去总结、评价知识、观点和可能性,并运用它们寻找新 的可能性或问题解决途径,发展批判性和创造性。

四是审美创造的儿童。具备艺术的基础知识与审美能力,具备基本的艺术欣赏能力。具备一项以上拿手优势(如艺术特长、体育特长等各类学科、生活方面的特长)。

在此基础上,锦艺小学根据学生年龄差异和各年级课程要求,厘定了"童 年"课程不同学段(低年级、中年级和高年级)目标,更好地指导童年课程在不同学段的实施。

(二)童年课程内容体系建构

锦艺小学基于现有课程模块的安排和执行情况,借助大学专家团队进行了一项《课程诊断》问卷调查。该调查评估了一至六年级师生对课程设计的合理性和满意度。问卷按照不同层次分类进行,并对结果进行了深入分析。调查显示,锦艺小学的课程设置在开发设计与实施方面有待改进:首先,繁多的课程类别并不符合小学生的发展特点和思维模式,他们更适合接受基础性和综合性教育;其次,以学科划分为主的课程设置与人的完整、持续、创新性生命旅程不相符;最后,课程选择的局限性不利于学生个性化和差异化的成长。因此,学校需将学生的真实、全面发展作为出发点,对现行课程体系进行审视、调整和重塑。因此,锦艺小学结合办学理念和育人目标,把核心素养的培植嵌入到了童年课程的始终,以多彩童年奠基精彩未来的课程体系。

锦艺小学的童年课程在开发与设计上深刻理解儿童天性,秉承杜威的教育理念,强调儿童与世界相互作用的重要性。以"博学慎思、审美创造、健康生活、互助合作"为四大核心素养,童年课程结构覆盖了孩子们发展的四个关键领域:想象世界、自然世界、社会世界和人文世界。相应地,学校构建了四个课程群:儿童哲学、儿童活动、儿童文学和儿童想象。这些课程群巧妙地融合了国家、地方和学校的课程资源(见图4-2)。通过对这四类课程的系统建设,锦艺小学旨在为学生提供一个全面而丰富的学习体验。

图 4-2　童年课程结构图

锦艺小学精心打造了"童年"教育课程体系,巧妙融合国家与地方课程精华,并汇总多年校本课程开发成果,提炼出卓越的课程内容。这一体系不仅注重学生核心素养的培育,还显著提升了教学品质。该课程内容设计体现了两个鲜明特色:

首先,在基础课程中,区分了国家与地方课程,并在拓展课程中设立了社团课程(选修)和活动课程(必修)。社团课程赋予学生选择权,支持他们发展个人兴趣和特长;而活动课程则由学校策划,以德育为核心,通过活动形式实施。

其次,学校根据学生年龄特征,为不同学段定制了专属课程。一、二年级的课程注重观察与实践,旨在丰富生活知识并培养积极情感;三、四年级的课程强调实践探究,培养学生的问题意识和探究技能;五、六年级的课程则侧重于思考与规划,增强学生的实践创新能力。通过这样的课程设置,锦艺小学致力于在不同成长阶段为学生提供恰当的教育支持,确保他们在全面发展的同时,能够个性化地展现自我。

(三)童年课程实施体系建构

锦艺小学深知课程实施对于教育质量的决定性作用,因此致力于将课程方案转化为具体而生动的教学实践。在这一过程中,不仅关注课程内容本身,更注重其在真实场景中的效果与影响。该校精心设计了基础课程、拓展课程、实践课程三大类,确保它们在校园内外的多个维度上协同发力,形成教育的联动效应。这种全方位的课程布局,旨在为学生提供一个立体化的学习环境,从而促进课程理念的全面落地。

在融合方面,锦艺小学展现了创新的教育理念。将国家课程与校本课程无缝对接,精心打造"童年课程",既解决了改革过程中的挑战,又充分挖掘了国家课程的潜力。通过将"童年课程"与各类活动和校园文化相结合,不仅提升了课程的实用性和趣味性,还营造了一个充满"童年"特色的教育氛围,让师生共同体验童年的纯真与美好。

为了确保课程实施的效果,锦艺小学引入了STS-BIP评价体系,这一多维度、多层次的评估工具覆盖了学校、教师和学生三个核心方面。通过这一体系的精细化管理,能够及时调整和优化课程实施策略,确保教学活动的高效与精准。锦艺小学的课程实施策略,是对教育卓越追求的体现,有助于为学生的全面发展提供坚实的支撑,塑造一个充满活力与智慧的校园。

第四节 内涵提升式的学校课程建设路径

一、内涵提升式学校课程建设的内涵与特征

(一)内涵提升式的内涵

内涵提升式强调在课程体系建设的过程中,以课程为抓手深化学校的教育内涵,打造学校教育品牌,凸显学校教育特色。教育内涵与特色课程建设相辅相成,相互促进。学校教育内涵为特色课程建设指明方向,而特色课程建设又为教育内涵建起支撑平台,让教育内涵得以持续不断彰显。特色课程需要贯穿和体现学校发展的价值取向、核心主题及教育内涵,只有这样,特色课程才能成为载体和支撑。[1]

(二)内涵提升式的特征

其一是系统性。内涵式发展要求构建一个整体性、系统性的课程体系,能够将课程内部的各个要素以及学校内外部的相关因素进行有效的联动和整合。

其二是动态性。内涵提升式课程注重课程内容与时代发展的同步性,要求课程能够及时反映社会、科技、文化等领域的最新成果和发展动态,使学生的学习能够与时俱进。新时代基础课程改革强调发展学生核心素养,让学生掌握关键核心知识和能力。因此内涵式提升式课程也应当与新时代同步,不断更新与丰富。同时,课程设计要充分考虑学生的兴趣、特长、发展水平等因素,以确保教学内容和方法能够有效地促进学生的学习和发展。

---

① 黄晓玲.普通高中学校特色课程建设的实践路径[J].教学与管理,2012(28):37-40.

二、内涵提升式学校课程建设的方法与策略

内涵提升式学校课程建设遵循着一定的方法与策略。一是树立以学生为中心的课程教育内涵的观念。以学生为中心的课程教育内涵是当代教育改革的核心理念，它强调将学生的个性化需求、兴趣和发展潜力置于教育教学活动的中心位置。这需要学校了解学生的学习风格、兴趣和能力水平，提供个性化的学习计划和教学策略，确保课程内容能够满足不同学生的需求。通过实施差异化教学，鼓励学生主动探究，以及提供个性化的学习路径，旨在激发学生的学习热情，培养其批判性思维、创新能力和终身学习的习惯。二是注重系统化课程的建构。课程的开发与构建必须以学校的教育理念和培养目标为核心，精心打造一套反映学校育人愿景的课程体系。这不仅要求在设计特色课程时，要巧妙地协调课程内各元素之间的互动，而且要清晰地界定课程的目标、内容、实施方式以及评估标准之间的内在联系，确保每一环节都能紧密衔接，共同服务于学生的全面发展。[①]

华南师范大学附属天河实验学校（以下简称"天河实验学校"）以课程为抓手，探索出一条落实"本心教育"的实践路径，进而建构具有特色的现代化学校品牌。天河实验学校提出"本心教育"的概念。在课程体系建设当中，"心"的内涵可以理解为"核心""童心""好奇心"，这也是学校结合自身办学理念——"让学生享受一流的基础教育，使学生奠定终生发展的基础"，对"本心教育"作出的校本化理解。

（一）立足"核心"，支起大语文阅读框架

"素养本位"的课程理念首先应体现在课程的核心化。所谓"学生发展核心素养"就是强调减轻学生学习负担，让学生掌握核心关键的知识和能力。课程的核心化主要体现在课程内容的选择。摒弃冗杂无用的知识点，留下关键核心的知识。"少而精"解决的是"生有涯"而"知无涯"的对立，通

---

① 刘艳.中小学特色课程开发的困境与突围[J].基础教育课程,2021(19):17-20.

过课程的"核心化"实现学生"核心素养"的培育,继而真正解放"知识本位"对学生心灵的束缚,落实促进学生心灵成长的"本心教育"。

基于此,天河实验学校对已有的基础知识展开"核心化"的课程改革实验。语文课程中,学校语文科组根据学校实际情况,推行语文单元整体阅读教学下的海量阅读。海量阅读课程从目标确定、内容选择到课程实施都体现着学校核心教育内涵。在课程目标方面,该课程旨在提高学生的阅读品质,增强学生的阅读力,打造学生语文学习力。"海量"并不是增加学生学业负担,而是精选书籍,让学生在有限的时间内阅读。在课程内容选择上,天河实验小学课程设计团队遵循着"少就是精"的原则,精选阅读题材。以《中华经典美文诵读系列》为主题进行分级积累:低年段要进行《弟子规》《三字经》《千字文》《声律启蒙》《成语故事》的积累,中年段要进行《小学必背古诗80首》《韵读成语》《论语》的积累,高年段要进行《大学》《中庸》以及经典小古文的积累。在课程实施上,一是利用广播站、早读、晨会、课前三分钟、午读等时间,通过背、吟、唱、演等形式展开学习。二是确立导读、共读、讨论的班级读书模式,提高阅读的效率;在导读中,激发阅读兴趣,让孩子有一份阅读的期待;在共读中,建立话语环境,师生共同阅读、交流同一本书;在讨论中,让不同的观点彼此碰撞,让相同的情感彼此交融。三是大力提倡课外校外阅读,通过班级的图书角、在校园内开辟阅读长廊、张贴有关读书的名人名言,营造出良好的书香校园文化氛围,鼓励学生利用课间、午休前进行阅读,形成课外校外双轨并行的大阅读课程模式。以语文海量阅读课程为例,我们了解到学校的核心教育内涵贯穿着学校特色课程,为学校特色课程建设指明了方向,彰显核心素养理念。

(二)立足"童心",开发个性化活动课程

目前小学教育存在儿童文化缺失的现象,学校教育强调成人的制度规则,忽视儿童乐趣、儿童世界。学校大部分课程是对全体学生共性的学习要求,未能开发出体现个体差异的课程。2019年国务院发布的《关于深化教育教学改革全面提高义务教育质量的意见》提出义务教育阶段的学校应

尽可能开发更多拓展性课程,积极推进个性化教育。因此,立足童心,开发个性化活动课程显得尤为重要。立足童心即以儿童为主体,遵循学生的身心发展规律和年龄特点,尊重儿童,关心儿童,让每一位儿童都能体验到快乐。个性化活动课程考虑到学生的个性化差异,以学生发展的兴趣与需求为中心,激发学生学习的兴趣,充分调动学生学习的积极性。

当前,学校个性化课程的设置主要通过校本课程以第二课堂或活动课程的形式实现。以英语课程为例,天河实验学校不仅通过中教课堂和外教课堂相结合的形式完成国家课程标准的要求,同时还在广泛考察和调研的基础上,针对学生学习英语的兴趣爱好以及期望,开设了多样化的第二课堂,如演读课、课外阅读课等等(见表4-3)。

表4-3　天河实验小学英语特色课程安排表

年级	特色课程	内容
一、二年级	英语角、故事课、影视课(第二课堂)	日常对话,交流,朗读英语课文,讲英语故事,说唱英语诗歌,动画试听,欣赏和配音等
	Phonics and Reading(每周一节)	OxDord Phonics World 1-2,Bright Readers 1、2级,自然拼读以及初级阅读
三、四年级	英语俱乐部(第二课堂)	日常英语100句,英语游戏,朗读英语课文,讲英语故事,说唱英语诗歌,专题对话等
	Phonics and Reading(每周一节)	OxDord Phonics World 3-5,Bright Readers 3、4级,自然拼读以及中级阅读
五、六年级	英语剧社(第二课堂)	动画、电影试听和欣赏,英语课本剧编写,电影配音和表演等
	Reading and Writing(每周一节)	Bright Readers 5、6级,课外阅读书库,诵读英美经典文学作品,与同学分享、交流,推荐好书,最后进行写作训练

演读课主要内容包括:朗读英语课文、讲英语故事、说唱英语诗歌、排演英语话剧、主题演讲等。学校选择了朗文故事阅读材料 *Bright Readers*,学生需要在课堂中把一个个生动有趣的故事讲出来,或将它们作为英语剧排演出来,甚至在阅读完故事后对故事进行改编,给故事重设结尾或进行故事续写等。而在阅读课上,老师提前记录学生喜欢以及希望阅读的书目并做好准备,学生在课上可以自由地选择英语图书自主阅读,在 *Rainbow*

Reading Project（彩虹阅读手册）上做好读书笔记。*Rainbow Reading Project*记录分五个项目：Title（书名）、Writer（作者）、My Words Bank（单词银行）、Sentences I Like（我喜欢的句子）、I Want to Share Favorite Character（我最喜爱的人物）。

除第二课堂外，学校还开展了系列英语特色活动。在课程目标上，英语特色活动旨在培养学生生活情趣，激发学习英语的兴趣。例如与大学合作开展的"快乐说英语"主题活动日，以英语游园的形式，塑造了浓厚学校英语氛围，提升英语学科素养，同时激发学生英语学习兴趣，提高了英语学习效率。搭建展示英语的舞台，使学生想说英语、敢说英语、爱说英语，给学生创造了互动互助的机会，让学生获得了学习英语的快乐体验，培养了学生英语知识、技能与情感、态度价值观的综合表现。总而言之，立足"童心"的个性化特色课程是对基础课程的合理补充，它能满足学生多样化的学习需求，激发学生学习兴趣，切实促进学生核心素养的发展。

（三）立足好奇心，践行探究式教学理念

好奇心是孩子的天性。好奇心有助于孩子发现问题，提出问题，打开解决问题的大门。好奇心是孩子创新创造的思想基础，好奇心促使他们不断质疑，不断探究，大胆探索，有所发展和有所创造。然而在传统教育下，课堂多为教师单向输出，学生被动地学习知识，教师是权威，学生服从教师的指令，不敢对教师的想法提出质疑。在这样的学习环境中，大多数学生的好奇心逐渐被磨灭，习惯于接受和服从，缺乏探究意识和探究能力。因此，学校特色课程应当立足"好奇心"，践行探究式教学理念。

基于此，天河实验学校开展了课堂教学的探究化的改革。改革包括两个方面的内容：一是精心设计多样化的教学游戏活动，开发符合学生发展规律的教学形式，创设良好的学习环境；二是以启发思维的课堂问题贯穿课堂的教学过程，推动学生主动参与知识的探究，并在学习小组或全班充分展示自己思维方法及过程。探究化课堂教学改革有助于克服传统课程中的单调乏味现象，使学生始终置身于有趣多彩的教学活动、新颖多样的

问题情境中,保持学习的新鲜感与激情。

以数学课程为例,学校提出以玩启思的教学理念,让学生在"在玩中探究,在探究中玩",促进数学思维的深度发展。一方面,学校组织数学科组通过观察、操作、交流、分析整理形成丰富多彩、形式多样的作业。同时,每学期数学科组都会分年级组织一系列活动,使学生学以致用,感受数学的魅力,享受数学学习的乐趣(见表4-4)。

表4-4　天河实验学校数学课程活动列表

数学游戏	二十四点游戏、数独游戏等
数学小制作	制作钟表、日历、七巧板拼图、作息时间表等
数学故事	数学文化故事、数学家故事、数学解决问题经典故事
数学实践活动	购物小超市、今天我当家等
数学日记、思维导图……	

另一方面,学校数学科组还基于启发性问题开展"自主探究"课堂教学模式的探索,主要包含三个环节的内容:

首先是寻疑质疑。在课堂教学的起始阶段,老师根据数学教学内容巧妙地创设问题情境,让学生产生疑问。从富有吸引力的课堂问题入手,指导学生主动学习,将使学生获得比教师传统的讲授式教学获得更为深刻的体验,同时有助于点燃学生探究知识的兴趣和欲望,激发学生自主探究学习的动力,明确其探究的目标,给思维以方向。

其次是"独立探究"。创设问题情境后,教师还应建构良好的学习环境,促使学生带着积极的心态投入其中。一是要让每个学生有足够的时间根据自己已有的知识、体验,用自己的思考方式自由地、开放地去探究、去发现、去再创造有关数学知识的过程。二是要因材施教,使不同的学生都获得最优发展。独立探究的目的不仅是获取知识,更在于让学生经历探究知识的过程,学习探究的方法,从而增强自主意识,培养探究精神,开发创造潜能。

最后是"合作展示"。学生在小组内或全班充分展示自己思维方法及过程,相互讨论、分析、研究,取长补短,相互帮助,从而使自己的思路更广阔,解决问题的策略更多样化,进而揭示知识规律或法则、公式。这样既能增强学生的人际交往能力,又能使学生在与同伴的交流中体验到合作学习的乐趣。

在课程教学中,要想激发学生的好奇心,教师起到非常重要的指导作用。教师创设质疑情境,鼓励学生主动探究,让学生产生疑问;打造探究学习的平台,让学生用所学知识去解决实际问题,全面激发学生的兴趣。

第五章　参与式行动研究:核心素养为本的学校课程建设策略

在当今快速变化的社会背景下,学校课程建设迫切需要适应学生未来发展所需的核心素养。这一挑战迫使我们重新思考传统的教学方法和课程设计,寻求能够切实有效培养学生终身学习和全面发展的新课程建设策略。与此同时,教师培训的低效长期困扰着教育改革,常常出现"教师培训时十分激动,回到学校就一动不动"的现象。是否存在一种基于教师的现实工作来开展培训的方式和路径呢?在此背景下,参与式行动研究作为一种创新的方法和理论框架,逐渐成为可推动课程改革和教学发展的重要工具之一。本章主要强调以教师为主体的参与式行动研究作为一种核心素养为本的学校课程建设策略的重要性和实施方法。通过回顾相关研究文献和案例研究,剖析教师参与式行动研究对学校课程建设的影响和作用;通过深入研究和分析,旨在提供有关如何实施教师参与式行动研究策略以促进学校课程建设的指导和启示。

第一节　教育领域中的参与式行动研究

一、参与式行动研究的内涵

参与式行动研究(Participatory Action Research,简称PAR)已经被来自不同研究领域的研究人员以多种方式定义,如社会学、人类学、社会心理学、哲学和基于社区的研究。参与式行动研究可以被视作为行动研究的一个分支。行动研究在实践的过程中根据不同的情境逐渐发展出不同类型的行动研究,如合作式行动研究、参与式行动研究和网络化行动研究等。参与式行动研究是一种涉及研究者和参与者之间的密切关系的研究方法,其目标是在某一社区或团队内建立一个长期的、可持续的社会关系。在学校课程建设中,研究者与学校的教师也是这样一种关系,大家基于课程建设这一目标联系起来,共同努力。

参与式行动研究的核心问题是研究的利益主体是谁,这也是增强边缘群体能力的重要手段。迪克森和凯瑟琳(G. Dickson & L.G. Kathryn)认为参与式行动研究是研究主体为普通人的研究方法,研究者通过探究与生活息息相关的问题,并利用身边的资源以增强自身的能力和创造知识,采取行动克服生活中的不平等,提高边缘群体的地位。因此,学校里的一线教师也能成为研究者。同时,这种方法需要外部支持者的合作进行。[①]一线教师在进行课程建设研究时,需要借助其他力量,尤其是专业研究人员的专业知识与能力。格林伍德等认为参与式行动研究也是一个持续的组织学习过程,一种强调共同学习、参与和组织改造的研究方法。[②]

---

① Dickson G., Kathryn L.G.Participatory Action Research: Lessons Learned with Aboriginal Grandmothers.[J]. ISSUES IN HEALTH CARE OF WOMEN, 2001, 22(5):471–482.

② Greenwood D. J.,William F. W.,Ira H.Participatory Action Research as a Process and as a Goal[J]. HUMAN RELATIONS, 1993, 46(2):175–192.

参与式行动研究具有双重目标,对于从研究对象向研究主体转变的教师研究者而言,第一层是研究者通过参与研究、借助外部支持改善自身所处的环境,第二层目标是研究者通过参与研究来创造知识和增强能力。[①]对于外部支持者而言,即专业研究人员,他们也获得了双重目标。第一层是增强同理心,以外部支持者的身份帮助参与者开展研究;第二层是解决问题和创造知识。

二、参与式行动研究在教育领域中的运用

目前,参与式行动研究在教育领域的研究主要有三大方面:教育管理领域的运用、教师教学领域的运用和教师发展领域的运用。

(一)教育管理领域的运用

在教育管理领域,参与式行动研究主要还是运用于学校的管理层面。学校领导立足于实际情况,通过开展参与式行动研究,在实践中解决学校管理的问题。教育管理主要可以分为三个方面,分别是制度管理、资源管理和文化管理。制度管理包括学校教学制度、课堂管理制度、后勤服务制度和教职工管理制度以及对项目的实施进行评估与反馈;资源管理主要是对学校的软硬件设施进行管理,包括人力资源管理和物资管理;文化管理主要是针对校园文化建设、课堂文化氛围的管理。学校领导层需要具备教育和管理两个方面的知识和能力,并在实际情况中发现和解决问题。总的来说,参与式行动研究适用于学校领导层对学校行政事务的管理,通过外部专家的支持和自身的参与,提高教育管理水平。

(二)教师教学领域的运用

参与式行动研究的发展还与教师教学有关。传统的教师培养强调教

① Stapleton S.R.Teacher Participatory Action Research (TPAR): A Methodological Frame-work for Political Teacher Research[J]. Action Research, 2021, 19(2): 161-178.

师在教学实践中提升能力,对教师和教学问题的研究任务属于院校和研究所的研究人员。当教师在实践中遇到困惑时,往往按照自己的经验和直觉解决问题或者局限于同事之间的学习,但是教师无法对自身的教学环境、教学资源、教学制度等元素进行反思,尽管教师是教学活动的主体之一,但是教师在探究教学问题时却游离于问题之外,将研究的任务交给专业的研究人员。直到20世纪70年代,人们开始对教师教育进行反思,认为教育不仅仅对个人产生影响,而且对社会产生重要效应的活动。[1]因此,人们认为教师有责任对自身的教学问题进行反思,并逐步走向专业化,并为教师教学能力提高提供了相关平台(课题申报、论文发表、教研比赛、教师培训课程等)。因此,运用在其他学科的参与式行动研究逐渐走进教学研究的视野,人们发现行动研究可以研究教学活动、提高教学质量,并发展出适合教师和研究人员共同应用的参与式行动研究。

(三)教师发展领域的运用

参与式行动研究在教师教育领域有所应用,并进一步演化成教师参与式行动研究。教师参与式行动研究具有教育研究和行动研究的特点,研究的对象是教师自身的教育教学活动,通过发现问题、采取对策,达到改进工作以及提高教师自身批判反思能力的目的。斯泰普尔顿(S.R. Stapleton)认为教师参与式行动研究独立于一般的教育研究,表现出强烈的同理心。有学者从教师主体的特点出发,提出教师参与式行动研究具有三个元素:边缘化的教师、教师行动研究项目和环境分析(见图5-1)。[2]教师参与式行动研究主张为边缘化的教师提供帮助,教师参与行动研究项目之中,完成研究的全过程,获得自我的专业化发展。教师参与式行动研究具备不同于其他参与式行动研究的特点。首先,像所有的

---

① 林青双,徐策.教师行动研究——教师专业发展的必经之路[J].现代教育科学,2005 (04):39-41.

② Stapleton S. R. Teacher Participatory Action Research (TPAR): A Methodological Framework for Political Teacher Research[J]. Action Research,2021, 19(2): 161-178.

行动研究一样,教师参与式行动研究没有明确的政治议程。其次,教师参与式行动研究相较于教育研究,具有更强的包容性和开放性,不仅注重于改善教学环境和课程质量,还关注教师专业发展,认为教育实践者的研究是教育领域中重要的知识。[1]在研究的过程中,由于参与性行动研究可以构建一段关系,这段关系可以带来知识的产生与价值观的分享,是个人态度与研究文化转变的过程。因此,在教师教育领域中,参与式行动研究是为了改善教育领域并产生理论成果,教师和非教师的专业研究人员建构一种可持续的关系,并在这种关系中创造和分享知识、共同行动,教师实现自身教研能力提高的目标。

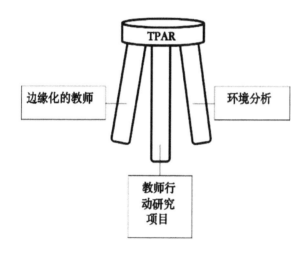

图 5-1　TPAR 元素框架

资料来源:Stapleton S R. Teacher Participatory Action Research (TPAR): A Methodolog-ical Framework for Political Teacher Research[J]. Action Research, 2021, 19(2): 161-178.

从参与式行动研究在教育领域中的运用可发现,学校课程建设作为教育领域中学校层面的重要事务、教师教学的主要内容、教师专业发展的路

---

① Stapleton S. R. Teacher Participatory Action Research (TPAR): A Methodological Framework for Political Teacher Research[J]. Action Research, 2021, 19(2): 161-178.

径之一,在学校课程建设中运用参与式行动研究,是教师参与学校课程建设并作为研究主导者,促进学校课程建设科学有效地推进的一种可行的策略。

三、参与式行动研究的特征

(一)行动性

在过去人们对于教师角色的定位一直停留在教学上,对于教师教学与研究的能力却没有很高的要求,同时,教师认为自己的本职工作应该是课堂教学而非研究,研究应该由专业的研究人员开展。近年来,随着知识时代的到来,教师仅仅局限于课本知识的教学已经无法满足学生的需求,这对教师能力有了新的要求。教师的发展不应该停留在"信奉理论"上,而应该向"使用理论"发展。[1]其中一个要求就是教师通过教学与研究相结合,在实践中发现问题和解决问题,并且将这个过程专业化,形成理论化的成果。参与式行动研究的特征之一在于教师可以在行动中研究、在研究中行动,脱离教师无法进行研究的处境。一方面,参与式行动研究有完整的流程可以为教师提供指导;另一方面,教师使用这种研究方法的同时也能推动教育理论和实践的发展。

(二)双主体性

参与式行动研究与其他研究方法的不同之处在于以关系为主导,研究过程中出现多主体。一般的教师行动研究以教师自身兼具教学实践与理论研究的双重角色,但是教师由于个人工作或者研究素养的不足,无法独立完成一项研究任务。参与式行动研究强调教师与校外研究人员之间建立一段可持续的关系为行动研究服务。在开展行动研究之前,教师和研究人员需要确定好各自的身份、参与程度,甚至还要制定好规则。参与式行

---

[1] 陈向明.参与式行动研究与教师专业发展[J].教育科学研究,2006(05):55-57.

动研究强调研究的顺利开展离不开关系的建立与维持,并且投入更多的时间与精力在前期的关系建立上,在研究开展的全过程中,双方都要维持和完善这种关系。在普通的教师与研究人员的合作式行动研究过程中,相比于专业的研究人员而言,教师对研究的原则和过程的了解不够,再加上研究素养的缺乏,导致教师在研究中陷入丧失独立性的困境。[①]参与式行动研究重视关系的建立,教师和研究者可以通过各种方式熟悉彼此的角色,并且循序渐进地进入研究任务。

(三)参与性

作为行动研究的发展结果,参与式行动研究在具备行动研究的重要特征的同时,也发展出自身的独特性。在过去的研究中,研究者往往是一个旁观者的角色,通过两个主要方式获得研究资料。一个方式是研究者对教师及其所处环境进行观察,并通过人员如学校其他职工、学生与家长进行访谈获得关于该教师的信息,这种资料的获得方式是间接性的;另一种方式是直接对教师进行访谈,以教师为第一视角获得研究所需的资料。这两种方式都存在一个共同的问题,即研究者无法深入其中体验教师的角色,也未能获得完整的信息。同时,教师在传统的研究过程中只是被研究者的身份,只关心眼前的教学问题是否能够得到解决,对问题的深入探究并无太多兴趣。因此,过去行动研究缺少真正的参与性将研究与行动以一种相互交融的方式相结合。首先,研究人员能够深入教师的日常教学生活,完整地了解教师的行为,实践;其次,教师的角色发生转变,教师不仅仅是被研究者的身份,教师成为一名研究者并获得基本的研究素养,教师的研究对象往往就是自己,将细微的实践问题上升的理论层面;最后,教师身份的转变可以实现教师对自己职业的深远思考和专业化终身发展,研究人员也改变过去旁观者的角色,深入了解教育的现状,实现研究为改善教育的宗旨。

---

① 刘良华.重申"行动研究"[J].比较教育研究,2005(05):76-79+37.

四、参与式行动研究的理论基础

与哈贝马斯（J. Habermas）的认知旨趣相对应，陈向明（2006）将行动研究的理论基础分为三种类型：技术的行动研究、实践的行动研究和批判的行动研究。[①]从参与式行动研究的概念和特征来看，参与式行动研究继承了行动研究的理论基础，又结合时代发展和现实社会的需求，构建新的理论研究基础。

（一）本体论：关系本体论

近代西方哲学自笛卡尔以来一直以主客二分论为重要线索，从康德的先验主体论到胡塞尔的纯粹主体性和主体际学说，近代西方哲学始终围绕唯我主义的取向。[②]直到马丁·布伯的关系哲学以及哈贝马斯提出的交往行为理论，人们才逐渐将目光转向主体间关系的研究。参与式行动研究以关系作为研究表征，以关系建构作为价值立场。教师在进行参与式行动研究之前只是以被研究者的身份游离于研究过程之外，研究的任何状况都与教师无关。同样，专业的研究人员以自我的专业研究知识和能力为依托，将教师视为研究客体，教师被排除在研究过程之外，这种主客分离的研究方法一直存在于教育研究之中。然而，参与式行动研究通过让教师作为主体参与到研究中，肯定教师在研究过程中的价值。教师既是研究的主体，也是关系的参与者，被视为平等的一方。因此，教师通过对自身价值的认同和肯定，唤醒自我的教研意识，脱离"威权"走向研究自主。[③]同时，过去被认为是绝对权威的学者还可以是"学习者"的身份，既能脱离专业全能主义的窠臼，为专业学者提供更广阔的发展空间，也可以使学者在实践中获

---

① 陈向明.参与式行动研究与教师专业发展[J].教育科学研究,2006(05):55-57.

② 张琼,张广君.走向"关系本体论"——对话教学的基础重构与应然取向[J].高等教育研究,2015,36(07):75-80.

③ 陈效飞,任春华,郝志军.论行动研究促进教师专业发展的机制——基于哲学解释学的视角[J].教师教育研究,2018(04):12-17.

得更多的理论与实践相互促进的机会。①

(二)认识论:建构主义

建构主义基于对现实世界的关照,认为知识是动态的、创造的。在建构主义的世界观下,知识无法独立于人而存在,个体对于世界的理解应该是相互作用的,即基于个人原有的经验以及对世界的认识而产生。因此,建构主义强调对于世界的亲身实践和认知。行动研究以研究和行动为主导,体现对世界的关照,指向改变研究者的生活环境,充满人文关怀。参与式行动研究在行动性的基础上增加了参与性,破除了知识由专业学者生产的迷思。教师可以在研究的过程中展开实践,并改善自身的教学条件,实现教师的专业发展。由此观之,参与式行动研究是理论建构与知识生产、实践推进的过程。

(三)价值论:批判主义

参与式行动研究旨在将人们从不公平不公正的环境中解放出来。在这个过程中,人们会关注自己所处的环境,包括环境中的每一个因素,通过理性思考以探索自身是否受到了不公平的对待,是否因为边缘化群体的身份无法发声,是否有足够的能力摆脱环境的约束。弗莱雷和哈贝马斯对知识的属性持有相似的看法,他们认为知识不是客观的,而是社会的。弗莱雷认为知识可以通过主体之间的互动所理解和创造。哈贝马斯强调知识应该是通过对话和互动的社会生活而生产的,知识永远不会独立于人际交往。因此,参与式行动研究正是在对人们所处环境和客观性知识的批判中产生。在批判主义学派高举人文关怀和反思现实世界的旗帜下,参与式行动研究迎合了社会发展的需要。

---

① 侯利文,徐永祥.被忽略的实践智慧:迈向社会工作实践研究的新方法论[J].社会工作,2018(09):82-93.

第二节　参与式行动研究在学校课程建设中的应用

在学校课程建设中应用参与式行动研究强调教师作为研究者的角色转变,突破传统教育模式的限制,实现自我超越和专业成长,最终实现成为"实践者—研究者"双重身份的转变。本节将从理论支持和实践需求以及价值意蕴的角度深入探讨教师参与式行动研究在学校课程建设中的应用情况。

一、参与式行动研究应用于学校课程建设中的理论支持

从理论层面来看,教师参与式行动研究在学校课程建设中与构建主动学习、合作学习和反思实践的教育理念相契合,如从社会分工理论中则可发现研究本就是教师的天职;施瓦布提出的"实践的课程观",提议赋予教师课程开发的职责;斯滕豪斯的课程观中将教师视为行动研究者。这些理论与理念通过倡导教师参与课程建设的实践活动,不断反思和改进自身的教学实践,以提高学生学习的效果和质量。在教师参与式行动研究的相关理论支持下,教师能够主动参与课程设计过程,与高校研究者、同事、学生共同探索和发现知识。一方面这种合作的方式能够形成教师专业发展的网络共同体,以整体的、网络的思维促进教师专业发展;另一方面,这种合理化的方式能够更好地满足学生的个体差异和学习需求,有利于设计与开发出能够培养学生的批判性思维、问题解决能力和创新意识等综合素养的学校课程。

(一)社会分工理论唤醒中小学教师的"研究"专业特质

教师职业专业性问题一直存在争议,有人认为教师至多只能视作一个准专业的职业,因为与医生、律师等成熟专业相比,教师的专业特质程度相对较低,难以达到同样的专业高度。即使这种争议一直存在,教师专业化

的风潮依然从20世纪60年代开始在全世界范围内兴起。在教育理论和实践领域，"教师应该成为一种专业"这一观点几乎被广泛接受,尽管教师职业目前可能尚未完全实现专业化,但专业化已成为教师职业发展的目标。在追求这一目标的过程中,那些成熟专业的特质就成为教师专业发展的典范,而在这些专业特质中,"研究"特质则被视为其中一个关键的专业标准。

　　然而,在现实中,为什么"教师即研究者"的理想并未真正实现？是什么因素阻碍着教师研究专业特质的养成？一些人认为,社会分工导致了理论主体和实践主体的分离,这不仅剥夺了中小学教师进行研究的动力,也限制了他们获取某些具有权威性质的知识的机会。然而深究可发现,这种分离只是表面上看起来是由于分工带来的,但实际上分工并没有剥夺中小学教师进行研究的权力。要知道,分工的起源是为了提高效率,是社会发展到一定阶段的结果。"在任何情况下,如果分工不能产生团结,那是因为各个机构间的关系还没有得到规定,他们已经陷入了失范状态"[1]。社会学家认为,分工是实现社会功能的一种方式,尽管分工似乎削弱了某种社会的相似性,但各种专业之间的关系却通过各种规范有机地联系在一起。因此,可以看出,分工并非必然导致中小学教师研究专业特质的缺乏,相反地,为了避免分工带来的失范后果,需要建立中小学和大学之间有效的协作机制。在这个过程中,中小学教师作为专业主体的研究能力是不可或缺的。

　　进一步看来,根据社会分工理论,其实中小学教师与大学教师一样,只是他们承担着不同学段的教育工作,这种分工是社会发展的结果。随着制度化教育的不断发展,教师的工作也逐渐分化。尽管没有证据表明大学教师比中小学教师更重要,或者大学教师能够担任中小学教师的导师,但普遍认为科研是大学教师的天职,而中小学教师作为研究者一直备受质疑。从分工的性质来看,最初的分工是不同专业群体对同一社会职能的分担,

---

① 罗尔斯.正义论[M].何怀宏,等,译.北京:中国社会科学出版社,1988:252.

随后形成的专门职能应该是平等的,各个专业满足社会不同的需求。而为了更好地适应不断增长的社会需求,中小学教师需要不断提升自身的专业水平。他们希望更好地满足社会对教育不断提高的需求,实现更专业的服务,必须以不断提升的专业水平为基础。虽然大学教师和中小学教师的专业使命和标准不同,但对各自专业实践领域的持久反思和研究都是必要的。这有助于提高教师的专业能力和水平,以更好地履行教育使命。唤醒与激发中小学教师的研究专业特质,是中小学教师在专业领域拥有专业地位和持续深化发展的需求。尽管分工看似导致了不同类型教师之间的分离,但分工的理想状态应该是专业能力的不断深化和相关专业之间的相互协作,以避免分工带来的失范效应。科研一直被视为大学教师的使命,然而作为同样需要具备专业身份的中小学教师,只有自身拥有研究的专业特质并且成为研究者,才能避免分工失范,提升教育专业水准,与大学教师更好地合作。需要注意的是,这种中小学教师的研究者身份并不等同于大学教师的研究者身份,因为两者承担不同的工作职责,具备不同的专业特质。

(二)施瓦布"实践性课程观"提议赋予教师课程开发职责

施瓦布是著名的美国课程理论专家和生物学家,他与布鲁纳一同领导了20世纪50年代美国的结构主义课程改革运动,被视为该运动的重要推动者之一。这场被称为"新课程运动"的改革进行了长达十年的时间,但最终未能达到预期效果,在总结经验与反思后,他指出,结构主义课程完全由各学术领域的专家进行设计开发,未能充分反映广大教师的声音。这种自上而下的课程变革模式和与具体教育实际情境脱节的课程开发方式是不合适的,从而影响巨大的实践性课程观,[1]提议赋予教师课程开发的权责。

---

① Schwab J.J. The Practical: A Language for Curriculum[J]. The School Review, 1969, 78 (1): 1–23.

基于实践性课程观,施瓦布认为课程开发的基本方法是审议,即在特定情境中通过反复权衡问题情境来做出行动决策。施瓦布的课程审议具有三个主要特征。第一,形成和选择各种可能的备选课程问题解决方案是课程审议的首要特征。第二,课程审议遵循实践的逻辑,而不是形式的逻辑。也就是说,从提出课程问题到解决课程问题的过程中,课程审议运用实践的语言、依靠实践的智慧进行实践的判断,并最终得出行动的实践结论——达成最终的一致性行动意见。第三,课程审议具有集体和教育的特征。施瓦布强调课程审议要形成学校共同体,所以课程审议是集体的而非个体的或无集体的。[1]它要求多方代表参与,特别是那些将受到课程决策后果影响的人参与其中。集体参与不仅是做出合理行动决策所必需的,而且是参与者彼此互动、相互启发的教育过程。

为了使集体审议能够有效地解决课程问题,施瓦布提出了三种课程审议的艺术[2]:

一是实践艺术,指针对个体所感知的独特、具体和特定情境而言的艺术形式。[3]首先,它是感知的艺术,通过一系列无关的扫视来帮助我们从背景中辨别问题,并初步赋予其意义。其次,它是问题形成的艺术,进一步诊断感知到的问题及其赋予的意义,并以最佳方式表述问题。最后,它是问题解决的艺术,形成和选择备选方案。

二是准实践艺术,即实践艺术的延伸,它不是针对个别孤立情境,而是针对由相互联系和多样个别情境组成的准实践情境。施瓦布提出准实践艺术是因为他认识到教育情境具体而复杂,而不是抽象和一般化的。因此,它超越了宏观理论在具体教育情境面前过于概括的问题,同时具体的实践操作也需要根据复杂的教育情景作适当的调整。准实践艺术强调在问题区分时的灵活性和问题表达时的流动性。

---

① 施良方.课程理论:课程的基础、原理与问题[M].北京:教育科学出版社,1996:109-200.

② 蓝同磊.施瓦布的实践性课程开发理论及其评价[J].南宁师范高等专科学校学报,2006,23(1):4.

③ Schwab. The Practical: A Language for Curriculum [J]. School Review, 1969, (78).

三是折中的艺术,即指对各种理论进行折中调和。①它包括三个方面:(1)将理论或学术知识与实践情境中的问题进行比较的艺术;(2)对理论或学术知识进行修改和重组,以使其适应实践情境和问题的艺术;(3)超越现有的各种理论、知识和观点,产生新的行动方案的艺术。施瓦布的折中艺术可以让我们看清特定学科理论的缺陷和观点的狭隘性,但作为人类认识事物的结果,理论仍然具有合理性。实际上,施瓦布的观点是有选择地将理论应用于具体的教育情境,从而实现理论的实践价值。

(三)斯滕豪斯的课程观将教师视为"行动研究者"

在20世纪上半叶,由于研究的范式、内容和水平的限制,教师主要是研究成果的被动接受者,教师成为研究者仅仅停留在概念层面。②然而,直到20世纪60年代,斯滕豪斯及其研究团队提出了颇具影响力的口号"教师成为研究者"。随后,他们通过一系列的研究将这一想法转化为实践,从而逐渐引导着世界范围内的教师研究运动。斯滕豪斯认为,在教育研究中,教师应该处于核心位置,他们是教育研究过程中的主角。学校教育改进的主要目标是将课程的研究和开发权交给教师,在实践中这一做法有着良好的前景。

斯滕豪斯在确定课程研究与开发的基本立场和方法之后,提出了教师作为研究者所扮演的角色。他认为,课程不仅是一套材料或覆盖教学范围的大纲,还是一种特殊的教学实践说明。它是将教育观点转化为可在实践中验证的假设的一种方式。基于这个概念,他提出了课程设计的理念,将课程定义为研究实施确定的教学路线和影响的方式。由于每个课堂的背景都是独特的,意味着任何建议都需要经过教师的验证才能被接受和采纳,这就需要教师充当观察者、检验者和研究者的角色。学校也可以将这种设计作为其发展的一部分。重要的是,这样的课程说明需

① Schwab. The Practical: Arts of Eclectic[J]. School Review, 1971, (79).
② 胡惠闵,王建军. 教师专业发展[M]. 上海:华东师范大学出版社,2014:256-257.

要能够回馈教师的个人研究与开发工作，从而帮助教师更好地理解自己的工作和教学。总的来说，斯滕豪斯的观点是："所有牢固的课程研究与开发，无论是个别教师的工作，学校的工作，教师中心工作小组的工作，还是全国性项目协调工作小组的工作，都是建立在课堂研究的基础之上的。因此，它依赖于教师的工作。仅仅研究教师的工作是不够的，教师们自己也应该从事这一研究。"①

斯滕豪斯认为，许多教育研究之所以存在缺陷，是因为这些研究并没有在实际行动中得到充分验证，或者是因为它们在学术辩论中存活下来就被轻易地接受了。他批评了以"心理—统计学范式"为基础的外部研究者对教育研究的控制，并鼓励教师自己研究课程问题，发表文章，并在会议上报告他们的研究发现。他主张建立一种行动倾向的研究范式，鼓励教师构建基于与他们课堂内部工作相关的知识理论，并以此来改变学校。根据他的观点，心理—统计学范式并不可以有效地指导教师的教育行为改进。然而，这种无效性不是由于抽样中的技术性缺陷或统计学程序，而是因为在研究应用于教育时的概念化不当。②相比之下，理论比概念泛化更有意义，因为理论支持对情境有意义的解释。

根据斯滕豪斯的观点，能够指导教育行为改进的研究实际上是一种教育行动研究。他说："对教师实践提供更多支持的是这样一种研究：即假设中的问题可以在课堂中得到验证，或者解释可以被界定为一种反对经验的特殊情况。这两者都可以为基于教师研究的探究规划提供刺激。有意开展研究的教师可以恰当地利用行动研究框架，将其作为验证假设的一种方式，从而推动实践改进，并形成理论推广的另一条路径。"③他这样解释研究

---

① Lawrence Stenhouse. An Introduction to Curriculum and Development [M]. London：Heinemannn, 1975：143.

② Jean Rudduck , David Hopkins. Research as a Basis for Teaching : Readings from the Work of Lawrence Stenhouse[C]. London：Heinemann, 1985：26.

③ Stenhouse L. What counts as research?[J]. British journal of educational studies, 1981, 29（2）：103–114.

和行动研究的关系:"研究可以通过行动或实践来表达吗？我认为如果动力是将行动假设化或问题化,那么是可以的。某种程度上,连续性行为是对研究探究的一种表达,它验证的是探究的结果。这也是对行动研究的一种理解。"[1]

二、参与式行动研究应用于学校课程建设中的实践需求

从实践层面来看,在核心素养课程改革、教师需向课程研究者角色转变,在课程建设中通过做中学实现自身专业发展的实际需求背景下,参与式行动研究为教师提供了一个积极参与学校课程建设的途径。教师参与式行动研究强调教师作为主体的主动参与和反思,它不仅仅是一种教学策略,还是一种研究方法,旨在解决实际问题并推动课程改革。教师们积极参与问题的识别、数据的收集和分析、解决方案的制定与实施,并不断反思和调整教育实践;通过研究自己的教学实践,教师能够深入了解学生的需求和学习困难,并提出相应的教学改进方案。在教师参与式行动研究的需求推动下,教师们可以与高校研究者、同事、学生进行合作,共同研究和探索更有效的教学方法和策略,从而创造出更具有创新性和适应性的课程。

(一)核心素养导向的课程改革对教师的要求

自2001年我国启动新一轮课程改革以来,在课程管理方面首次明确了课程改革的思路,实现了三级课程管理,并将课程权力下放。学校作为课程开发的主体为教师作为课程开发的主体提供了基础和支持。在传统的教学模式下,教师通常扮演着"课程执行者"的角色,课堂普遍存在着"教课分离"的问题,课程的设计、开发、评价等任务不由教师直接负责。新一轮课程改革从理念上彻底改变了传统教师角色的观念,认为教师应该成为

---

① Stenhouse L. What counts as research?[J]. British journal of educational studies, 1981, 29 (2): 103–114.

课程的设计者、开发者和研究者,也是课程的主体。在对教师教学与研究关系的阐述中,新课程改革理念明确提出"教师应该成为研究者",认为:"教师自己就应该是一个研究者。教师即研究者意味着,教师在教学过程中要以研究者的心态置身于教学情境之中,以研究者的眼光审视和分析教学理论与教学实践中的各种问题,对自身的行为进行反思……"①

在中国基础教育课程改革不断向深入推进的过程中,中国学生发展核心素养体系的引入展示了新时代基础教育课程改革的最新成果。核心素养成为新一轮课程改革的关键目标,它强调学生必须具备的核心品质和关键能力,如人文情怀、科学素养、创新精神、实践能力、自主发展和社会参与意识。在这一背景下,教师被倡导在教学过程中引导学生进行质疑、调查、探究和体验,并通过教学实践来学习。教师应积极与学生互动,共同发展。所有这些改革是建立在教学一线的教师对课程的理解和教育教学理念的转变之上。

随着课程改革中教师即研究者实践的推动,校本文化逐渐确立,这既是教师作为课程主体的实践,也是对实现教师即研究者角色的路径探索。校本文化主要呈现在校本课程、校本教研以及校本培训三个方面。教师作为校本课程的开发者、设计者和研究者,以主导者的身份完成了教课融合,在这个过程中,教师也从课程执行者逐渐转变为课程参与者的角色。

(二)新时代教师课程研究者身份的回归

在教师职业主体发展的历史进程中,教师作为研究者和实践者的身份是相统一的。有学者通过梳理教育学知识研究主体的职业实践与教育学知识的发展的历史,发现在某一特定历史时期内,教育学知识的繁荣恰恰是由教育实践者所创造的。事实上,许多经典的教育学作品恰好源自那些以教育实践者身份进行创作的人士。首先,这些作者的职业背景主要是教

---

① 朱慕菊.走进新课程:与课程实施者对话[M].北京:北京师范大学出版社,2002:46.

育实践家,他们一生都在教育教学的第一线奋斗。许多人甚至创办了自己的学校,将其作为实现教育理想的实验基地。他们所创作的教育论著充满了教育智慧,是他们丰富教育实践经验的结晶。其次,这些实践家和理论家兼备的教育研究者多数都拥有明确的教育哲学理念。他们对教育的理解以及对教育过程中的人的理解都建立在他们自身的哲学思想基础之上。

在教育界对教师参与研究的呼吁下,教师研究逐渐成为一种国际运动。在课程开发和有效实施方面,越来越需要教师参与,因此教师成为研究者不容忽视。一线教师参与研究的意义不仅在于提高教学质量和推动课程发展,更体现了教师对于自身独立主体性的追求。"教师研究者"这个概念是教师专业发展中理论与实践结合、教学与科研结合、实践者与研究者结合的时代要求。然而,这种结合必然面临各种困难,因此需要我们在实证的基础上进一步进行理性思考。这不仅要从宏观视野进行调查分析,还需要从微观或中观层面进行深入分析,以指导具体实践。

(三)课程建设做中学:教师专业发展的有效载体

在当前的教育环境中,教育情境变得多样而复杂,教师需要具备情景化、本土化和个人化的知识。因此,教师必须成为自己实践的研究者,运用通过研究所获得的个人实践理论来改进自身的实践。从教师学习与发展的角度看,我们应该把教师视为一个完整的个体,而不仅仅是知识和技能的传递工具。教师的积极参与研究是促进其专业发展的重要因素,与专业研究者的合作是提高教师研究能力的有效途径。

三、参与式行动研究应用在学校课程建设中的价值意蕴

(一)促进教师的角色转变

如何培养教师的教研能力、促进教师主动做研究,一直是教师教育探讨的问题之一。教师往往由于自身时间的不足和能力的限制,无法真正参与研究之中。然而,由教师主动发现教学实践的问题并改变所处的环境,

是有效促进教师能力提升的途径,也是教育发展的必然要求。然而,教研活动涉及教师的身份转变,教师需要一种新的研究方法将教学实践与专业研究相结合,走向教研合一的发展道路。在课程建设中利用参与式行动研究,教师突破了以往的角色禁锢,从单一的教学主体和被研究对象向研究主体转变。教师在参与式行动研究中对学生、教学环境以及自身进行观察和解释,从被动的教研走向主动的教研。参与式行动研究可以为教师提供一个平台,实现单一教师角色向教研合一角色的自然过渡。这也使课程建设进展更顺利、课程更科学。

(二)提升教师专业化水平

传统意义上的教学活动与教研活动相分离,专业研究人员进行教学研究也只是为了获得"真理"①。而这种获得"真理"的研究导向是以教育实践工作者能够很好地将理论复现到教学实践当中作为假设。然而,理论与实践之间始终存在鸿沟,由于教师未能对研究有充分的认识和肯定,研究人员也未能真正进入教师的世界,因此教育研究当中会存在理论与实践不相符合的情况。行动研究虽然能够将教师引入研究之中,以教师作为研究主体参与到对所处环境的认识和批判之中,但是由于教师缺少专业的研究素养,行动研究对于教师而言仍然有一定难度。参与式行动研究以教师和专业研究人员作为一个研究主体,主体内存在关系的建构。教师与研究人员在共同参与研究的同时,教师可以为研究人员带来全面的、深入的信息,教师也可以在研究和行动中向研究人员学习,教研活动走向专业化发展,教师提高了自身的专业素养,能够以专业的视角发现和解决问题,并上升到理论层面以指导实践。

(三)提高教师研究素养

近年来,人们对于教育质量提升的需求越来越多,教师专业化和教师

---

① 周宏弟.论教师的行动研究与专业发展[J].高等教育研究,2003(03):81-85.

教育也逐渐成为教育领域受到关注的主题。在教师专业化发展道路上,教师能否做研究、为何要做研究以及如何做研究一直是亟需探讨的问题。随着行动研究在其他学科的运用和推广,这种新型的研究方法自从走进教育领域就受到了广泛的应用,然而,教师在应用这种研究方法的过程中遇到了困难,行动研究主要是为了改进实践,在行动中研究,[1]但是教师的专业化发展要求教师能够将实践成果理论化,反哺实践,往复循环。因此,由行动研究发展而来的参与式行动研究改进了行动研究方法中存在的一些缺陷,成为提高教师研究素养的重要途径。

综上所述,通过参与式行动研究,教师能够突破传统角色限制,在学校课程建设中实现自我超越,并逐步转变为研究者的角色。这种方法在理论、实践和价值层面上都具有重要意义,为学校课程建设以及教师专业成长的推动提供了宝贵的支持。

第三节　参与式行动研究应用于学校课程建设中的实践策略

参与式行动研究在学校课程建设中能够促进教师和学者之间的合作,推动教育实践持续改进和发展。参与式行动研究强调教师的参与和专业发展,将他们视为实践的主体,而非被动的执行者。其将教师置于课程建设的中心,成为增强学校课程网络效应的子网络,通过与其他教师和学者的合作,共同探索问题、制订行动计划,并对实践进行反思和评估。这种合作和共同学习的方式有助于教师们互相分享经验和知识,从而提高他们的教学能力和专业素养。参与式行动研究的操作模型为教师提供了一个系统性的框架,帮助他们在课程建设中进行理论与实践的结合。通过参与郑州市中原区部分中小学的课程建设,笔者切身体会教师参与式行动研究对

---

① 周月朗.行动研究:教师专业成长的重要途径[J].中小学教师培训,2005(03):3-6.

学校课程建设的作用，并且提炼可供参考的具体操作模型。

以六十九中学为例，为做好学校课程建设工作，该校除了跟高校研究者合作以外，还专门组建了学校课程建设团队，主要由学校的领导与教师组成。为开发学校特色跨学科课程，课程项目组的老师们一起学习跨学科课程理论知识，并明确了跨学科课程开发的方法。他们以问题为研究对象，以任务为驱动，展开了跨学科整合课程的构建。在专题学习现场，他们根据不同领域进行分组，策划了本领域的跨学科小课题，在模拟研究问题时，将相应的学科资源提供给学生综合运用。在确定了跨学科课程的基础开发路径后，项目团队的老师们根据初中阶段学生需要提高的能力点，结合学生在各发展阶段的特点和心理需求，进行了反复的课程框架研讨。为了科学地构建本领域的课程框架，他们使用了思维导图，以一条脉络将实践内容和核心素养培养有机地联系起来。这样的方式形成了可具体操作和落实的各领域框架图，并进一步开发了课程的具体实施操作细节。

一、学校要有课程建设与教师"研究"专业发展的双重意识

在当代教育的快速变革中，学校必须具备课程建设与"教师是研究者"的双重意识。这一意识的落实不仅对教育质量的提升至关重要，还能够为学生的全面发展和未来的成功打下坚实的基础。

首先，学校需要具备强大的课程建设意识。课程作为教育的核心，决定了学生在学校中所接受的知识和技能。一门优秀的课程应当能够反映社会的需求和学生的兴趣，为学生提供有挑战性和实践性的学习经验。为了实现这一目标，学校应积极引入先进的教学理念和方法，结合教育研究和实践经验，制定富有创新性和足够灵活的课程方案。此外，学校还需要鼓励教师参与课程建设的过程，倾听他们的声音和意见，确保课程的质量与适应性。同时，学校还必须认识到教师是研究者的重要性。作为教育实践的主要执行者，教师应该具备敏锐的观察力和不断探索的精神。他们应该以研究者的眼光和方法来审视自己的教学实践，并寻求不断的改进和创新。教师作为研究者的角色不仅仅是接受现有知识和教材的传递，而是要

从理论和实践的结合出发,主动地探索和解决教育中的问题和挑战。这种积极的研究态度既能够提高教师的教学能力,也能够增强学生的学习效果。

为了培养学校的课程建设与教师是研究者的双重意识,学校管理者在战略和政策层面上发挥重要作用。他们需要明确课程建设的目标和方向,制订符合学校实际情况和学生需求的课程规划。同时,管理者还应该提供必要的支持和资源,鼓励教师积极参与课程开发和实施,并为教师专业发展提供良好的培训和学习机会。此外,学校管理者还应该建立积极的反馈机制,促进教师之间的交流与合作,从而形成一个有利于教师成长和学校发展的良好环境。最后,学校的家长和学生也应该对课程建设与教师是研究者的双重意识有所认识。家长可以关注学校的课程设置,积极参与学校相关活动,并与教师保持密切的沟通与合作。学生应该理解教师的角色和责任,并主动参与到课程学习的过程中,积极提出问题和建议。

二、组织学校课程建设"项目+共同体",发挥教师研究专业特质

在推动学校课程建设的过程中,将"项目+共同体"模式与教师的研究专业特质相结合,可为教育带来巨大的创新和发展。这种模式的运用不仅能够促进教师的专业成长,还能够提高学生的学习效果和综合能力。

通过组织学校课程建设的项目,教师可以参与到具体的课程开发和实施中。这种项目化的方式可以让教师在课程设计和更新中发挥他们的专业特质和教学经验。教师之间可以组成项目团队,共同研究和探索教学内容、教学方法以及实践活动,从而提高教学的效果和质量。在这个过程中,教师们可以相互借鉴和学习,充分发挥彼此的专长,形成一个协作性强、创新性高的工作氛围。同时,通过构建学校课程建设的共同体,教师们可以进一步发挥他们的研究专业特质。共同体可以是一个学

科组或者一个教研团队,旨在促进教师之间的交流和合作。在这个共同体中,教师们可以分享教学经验、探讨教学问题,并相互提供支持和反馈。通过定期的专业交流和学习活动,教师们可以在研究和反思的过程中不断提升自己的教学能力和专业水平。同时,共同体也可以为学生提供更加丰富和多样化的学习资源和机会,促进他们的全面发展。在这种"项目+共同体"的模式下,教师的研究专业特质得以发挥。教师们可以通过调研、研讨、实践等方式,积极探索和应用前沿的教育理论和教学方法。他们可以不断解构和重构自己的教学实践,推陈出新,不断改进教学策略,从而更好地满足学生的学习需求。教师的专业研究也可以促进他们的个人成长和职业发展,提升他们在教育领域的影响力和地位。

综上所述,组织学校课程建设"项目+共同体",以发挥教师的研究专业特质,将推动教育的创新和发展。这种模式能够激发教师的热情和创造力,在课程设计和实施中发挥其专业特长。同时,通过共同体的建立,教师们可以相互借鉴和学习,形成一个相互支持和合作的学习社群,共同提高教学质量和水平。这对于提高学生的学习效果和综合能力,推动教育的可持续发展具有重要意义。

三、完善学校课程建设的保障机制,实现课程建设和教师专业发展共赢

学校课程建设的机制非常关键,这个机制的目标是促进课程建设,并引导教师向研究者的角色转变,以实现教师的专业发展。为了实现这一目标,学校需要采取一系列措施。

首先,建立一个支持性的课程开发和设计框架是至关重要的。这个框架应该提供教师所需的资源、指导和灵活性,以便他们能够创造出适应学生需求和教学目标的创新课程。学校可以通过制定明确的课程标准和指导文件,建立协作平台和分享资源的机制,来支持教师在课程设计过程中的专业发展。其次,教师专业发展需要得到系统性的支持。学校应提供持续的教师培训和学习机会,以帮助他们不断更新知识和教学

技能。这包括提供针对不同学科和教学方法的专业发展计划、研讨会、研究项目和同行评议等机制。通过这些机会，教师们可以不断学习和反思自己的教学实践，从而迈向研究者的角色。此外，学校还应鼓励教师多参与教育研究和创新项目。为此，学校可以建立研究基金、合作机构和专家团队，以支持教师进行独立或合作的研究工作。学校还应提供展示和分享成果的机会，例如举办教育研讨会和学术会议，以促进教师之间的交流和学习。

第六章　教学课程创新:核心素养为本的学校课程建设关键

第一节　教学课程的缘起

教育与人类的发展密切相关。在古代,由于知识简单,课程从属于教学。随着科技的发展与社会的变迁,课程逐渐成为社会控制学校的工具,课程与教学逐渐产生割裂。杜威思想的出现,第一次打破了课程与教学的割裂,催生了教学课程,促进课程与教学进一步整合。

一、教学课程产生的历史渊源

在古代,人类的教育与人类的生产、生活未分开,人类的教育基本上来自祖辈积累的生产生活经验的传授,此时传授的内容比较简单,课程和教学基本是融为一体的。之后,随着社会的发展,教育开始从生产劳动中脱离出来,逐渐产生专门的教育活动和分门别类的教育内容,如中国西周时期的六艺以及西方七艺;教学方式也发生变化,由之前的言传身教、耳提面命变为书写记录、阅读等。这个阶段,教育内容比较简单,主要是教师知道什么就教什么。人们比较重视的是"怎么教"的问题,比如孔子的"不愤不启,不悱不发,举一隅不以三隅反,则不复也""因材施教",苏格拉底的"产婆术"等等,因此,这时的"课程"是从属于"教学"的。

随着科技的发展、社会的进步,知识增产,在浩瀚的知识海洋中,什么才是学生需要学习的呢?对于知识的选择、课程的编制,因此也成为国家、社会以及教育研究者们关注的问题。斯宾塞的《什么知识最有价值》便是对于这一问题的回应。在这本书中,斯宾塞最早提出"课程"一词,意指"教学内容的系统组织"。1918年,美国著名教育家博比特出版的《课程》(Curriculum)一书被认为是课程成为一个独立研究领域的标志。为了适应工业化的发展,社会需要工人不断提高生产效率,在这一过程中,学校便承担着培养适应工业化发展需要的人才的使命。此时,社会盛行的是"科学化课程开发理论"。其诞生的社会背景是20世纪初美国发生的社会效率运动。科学管理之父泰罗系统地确立起了"泰罗主义"。"泰罗主义"的基本特征是:效率取向,控制中心,把科学等同于效率,把人视为生产工具。这一管理理论适应了当时社会发展的需要,从而从企业领域迅速扩展到生活的各个方面,掀起了全美的"社会效率运动",教育当然也受到了影响。此时的课程开发是普适性的、同质化的,张华教授把其称为一种制度课程,它是社会意志的合法化,通过制度课程对教师的教学加以控制,进而实现社会对学校教育的控制。[1]教师在实际教学中基本没有自主发挥的余地,课程与教学日渐分离,现代教育逐渐成为社会科技发展的工具。而其背后的认识论根源便是二元论,[2]课程被认为是目标,而教学只是达成目标的手段;或者课程是内容,教学只是一个过程。从而,课程与教学被割裂开来,只是机械地、线性地产生关系。

时至20世纪初,杜威提出,课程与教学的统一在本质上是由经验的性质所决定的。经验是对所尝试的事情和所承受的结果之联系的知觉。[3]这种认识论的出现第一次打破了将课程和教学相分离的思想。

20世纪末,在汲取现象学、存在主义、法兰克福学派、哲学解释学、后现代哲学等各种理论的精华之下,教师和学生的主体地位受到了关注,课

---

① 张华.课程与教学整合论[J].教育研究,2000 (02): 52-58.

② 张华.课程与教学整合论[J].教育研究,2000 (02): 52-58.

③ 张华.课程与教学整合论[J].教育研究,2000 (02): 52-58.

程不再只是"制度课程"，而是"体验课程"——被教师与学生实实在在体验到的课程。①教学不再只是作为一个传递内容的通道或是达成课程目标的手段，而是生成课程意义的社会性情景，课程与教学进行了重新整合，演变产生了"教学课程"的理念。

在我国，教材的编制一般由国家统一安排，教材怎么写，教师就怎么教，在他们心中，教材内容就等同于教学内容。20世纪80年代，我国进行第三次课程改革，提出了在课程管理上实施国家、地方和学校三级管理体制的理念，教师有机会参与课程的编制，此时，课程和教学的关系有了新的发展，开始趋向于合一。

二、"教学课程"形成的现实需求

长期以来，课程改革中理想的课程与现实的教学所形成的落差常被人诟病。于实践而言，要实现课程的深度变革，就必须将理想的课程愿景转化为切实的教学实践，并通过课堂教学达至立德树人的目标。

时值基础教育课程改革20周年，回望课改历史，不可否认：新课程改革倡导的理念得到了一线教师的认同，一线课堂教学形态、学生学习组织形式都已然发生了变革。曾经的一言堂现象正在逐渐消失，小组合作学习已成课堂常态，学生在课堂上的主体地位逐渐得到彰显。然而，走入课堂深处考察，知识本位的教学思维依然未能突破，过程与方法的目标依然游离，情感、态度与价值观的目标因无法测评到而被贴标签甚至是遗忘。课堂中，学生终身发展所需的素养始终让位于知识点，教师更多关心的是学生是否掌握了教学的知识点，忽视了学生学习思维是否发生了变化，思维水平是否有所提高，学生的创造力、解决问题能力是否得到了发展，学生的情感体验是否丰富了，学生的价值观是否得到了正确的引导。

与此同时，课程改革大力倡导学校课程建设，各级各类学校在寻求特

---

① 张华.课程与教学整合论[J].教育研究，2000(02)：52-58.

色发展的同时,始终关注加强校本课程建设。许多学校开足马力进行校本课程开发,似乎课程开得越多,课程改革就越成功,而被问到学生的课程学习时间时,大家却只能一笑了之。为突出办学特色,大多数学校都提出了自己的办学理念和办学特色,然而深入学校现场就会发现,实际教学与办学特色往往脱节;学校课程建设火热、品牌响亮,课堂教学却"涛声依旧"。正如有学者所指出的,一些地方改革依然存在"重课程轻课堂""重教材轻教师""重学科轻学生"的取向,在许多学校,教学的场域依然被忽略。

核心素养时代,课程的深度变革不仅要借助课程对于教学的外推力量,更需要找寻教学与课程双向促发的原生动力。在课程与教学和而不同的理念下,关注并释放教学的张力,引导教师关注教学中的课程,由此催生了教学课程。

教学课程这一概念的提出,不仅仅是名字的改变、观念的革新,更是指导实践行为变化的风向标。基于教学课程,新时代学校课程建设就必须回应,在课堂上的课程形态应该是怎样的,如何才能更好地为培养人服务。

教学课程创新建设的必要性在于适应时代的发展需求。随着科技的进步和全球化的影响,社会对人才的需求也在发生巨大变化。传统的教学课程可能无法满足新兴领域和行业对人才的要求,无法培养学生所需的技能和能力。因此,教学课程需要创新建设,及时调整知识内容和教学方法,以适应时代的发展需求,为学生提供更好的学习机会和发展平台。同时,可以引入新的教学理念和教育技术,推动教育的发展和改革。教育改革是一项长期而复杂的工作,需要不断创新和实践,通过对教学课程的创新建设,可以为教育改革提供新的思路和方法。

第二节　教学课程的概念与特征

一、教学、课程与教学课程的概念辨析

定义能够帮助我们消除歧义和误解,当我们使用模糊或不清晰的术语时,可能会导致沟通的混乱和误解。通过明确定义关键术语和概念,我们可以确保大家对特定事物或概念有共同的理解。要准确理解教学课程的内涵,我们首先要分别去了解教学和课程的概念。分别从教学和课程的词源分析、其几种典型的定义及其争论入手,我们虽然最终也无法给教学和课程下一个准确的定义,但对其定义的探讨过程,对我们理解教学课程的本质和内涵有一定的帮助。

(一)教学的概念

1.教学的词源分析

从词源看,教学由教、学两个字组成。"教"字最初的意思就是教学;"学"字表示自己主动学习,不必有人拿棒站在一旁监督。学界普遍认为,指教师的教和学生的学的教学一词,大约出现在宋代欧阳修的文献中。双音词"教学"一指教育,如《礼记·学记》所云;二指教师教学生读书、学习的"教"的活动,这种活动是"上所施,下所效"的双边活动,既能觉人,也能觉己。章小谦认为指教和学的双边活动的"教学"一词到1920年以后才出现。[①]

在英文中,"教"常用 teaching 表达,"学"多用 learning 表示,而"教学"则常用 instruction 表示,其词源含义与中文词源基本接近。

2.几种典型的教学定义

根据美国教育学家史密斯(B.O.Smith)的整理,英语国家的教学

[①] 姜国钧.“课程”与“教学”词源小考——兼与章小谦先生讨论[J].华东师范大学学报(教育科学版),2006(04):68-71.

(Teaching)内涵可以归为以下五类：[①]

(1)描述性定义，可表述为"教学是传授知识或技能"；

(2)成功式定义，意味着教与学不仅要发生某种相互关系，还要求学习者掌握所教的内容；

(3)意向式定义，表明"尽管教学在逻辑上可以不包括学，但人们可以期望教导致学"；

(4)规范式定义，即将教学作为规范性行为，教学的活动要符合特定的道德条件；

(5)科学式定义，即关于教学的一个专门性定义将由用"和""或""含义为"等词连接起来的一组句子构成。

国内教学论著作中关于教学的定义及用法也是多样的，有学者对各种教学的用法归纳为五个层次的理解：[②]

(1)最广义的教学，一切学习、自学、教育、科研、劳动，以至生活本身，都是教学；

(2)广义的教学，教学不是某些自发、零星、片面的影响，而是从内容到形式都体现出有目的、有领导、经常而全面的影响；

(3)狭义的教学，指的是教育的一部分和基本途径，通常所说的教学或教学的主要特征表现得最典型的，就是这种教学；

(4)更狭义的教学，在有的场合下，教学被理解为使学生学会各种活动方法和技能的过程，如教学生阅读、写字、算术等；

(5)具体的教学，区别于以上四种抽象的教学。

以上述分类为基础，本书试着提出关于教学的一般定义：所谓"教学"，就是教师的教和学生的学的共同活动。学生在教师指导下，掌握了一定的知识和技能，形成一定的思想品德，并获得身心的发展。

---

① 杨小微,张天宝.教学论[M].北京:人民教育出版社,2014:4.
② 杨小微,张天宝.教学论[M].北京:人民教育出版社,2014:4.

(二)课程的概念

1.课程的词源分析

在我国,"课"的本意是考核。《说文》:"课,试也。从言,果声。"据《汉语大字典》,"课"有十种字义,其中"按规定的内容和分量讲授或学习"的意义大约在唐代就有。"程"是计量单位。《说文》:"程,品也。十发为程,十程为分,十分为寸。从禾,呈声。"《广韵》:"程,期也。""程"又有期限的意思。关于"课程"这个词,学界普遍认为该词最早出现于唐朝。唐孔颖达为《诗·小雅·巧言》"奕奕寝庙,君子作之"作疏:"以教护课程,必君子监子,乃得依法制也。"此处的"课程"指有规定数量和内容的工作规程。[1]此时"课程"的含义与我们现在所使用的课程的意思相差甚远。学界普遍认为,用"课程"指功课及其进程大约在宋代,理由是《朱子全书·论学》中频频提及"课程",如"宽着期限,紧着课程""小立课程,大作功夫"[2]。这里"课程"的意思与我们现当代许多人对课程的理解基本相似。但姜国钧(2006)采取新的检索手段对《四库全书》《四部丛刊》《古今图书集成》和《大藏经》电子版进行检索,再溯"课程"的词源,发现"课"一词所具有的"按规定的内容和分量讲授或学习"的意义最早出现在南北朝时期翻译的佛经中,而非上文所说的唐代。姜国钧对这一发现结果也给出了合乎情理的理由:佛教自东汉明帝时传入东土,到唐代,一流知识分子大都转向了文学和佛学。最初出现在佛经中的"课程",到唐代也就自然地见诸儒家学者的著作中了。宋儒的理学也深受佛学的影响,"课程"一词也因此被理学家借用了过来。[3]

由此可见,在我国古代,"课"在教育方面的意思主要是按规定的内容

---

[1] 姜国钧."课程"与"教学"词源小考——兼与章小谦先生讨论[J].华东师范大学学报(教育科学版),2006(04):68–71.

[2] 姜国钧."课程"与"教学"词源小考——兼与章小谦先生讨论[J].华东师范大学学报(教育科学版),2006(04):68–71.

[3] 姜国钧."课程"与"教学"词源小考——兼与章小谦先生讨论[J].华东师范大学学报(教育科学版),2006(04):68–71.

和分量讲授或学习并加以考核试用,"程"在教育方面的意思多指学习的进展安排,因此课程的基本含义是人们预定分量、内容和步骤并据以刻苦努力地阅读、讲授、学习和作业,同时伴有严格的考察。①

在西方,斯宾塞的《什么知识最有价值》一书中出现的curriculum一词,表达的是"教学内容的系统组织"。curriculum是从拉丁语currere一词派生出来的,currere意为"跑",作动词用。curriculum是currere的名词形式,意为"跑道"。"跑道"的英文表达为race-course,因而,课程在英语中又可以用course of study来表示。course of study译成中文就是"学习的进程",简称"学程"。②这一种解释在各种英文词典中很普遍,权威的如《牛津英文字典》(*Oxford English Dictionary*)和《韦氏英语词典》(*A Dictionary of the English Language*),甚至一些教育专业词典,如《国际教育词典》(*International Dictionary of Education*),都是这样解释的。

由此可见,名词性的"课程"重点在"道"上,强调的是预先设计好的学习的目标、任务与计划等,这也是传统课程理论的根基。动词性的"课程"重点在"跑"上,强调的是在参与和体验学习的过程中,学生通过构建知识、掌握技能、形成态度、培养道德与价值观,以及积累在学校中所经历的一切经验来实现全面发展。这正是当代课程理论的核心观念。③

2.对课程定义的争论

一是,课程即教学科目或课程即知识。

这是最普遍的课程定义,在历史上由来已久。我国古代的课程"礼、乐、射、御、书、数"六艺,欧洲中世纪的课程"文法、修辞、辩证法、算数、几何、音乐和天文学"七艺,就是把课程等同于所教的科目。1949年后,我国

---

① 胡乐乐,肖川.再论课程的定义与内涵:从词源考古到现代释义[J].教育学报,2009,5(01):49-59.

② 章小谦,杜成宪.中国课程概念从传统到近代的演变[J].华东师范大学学报(教育科学版),2005(04):65-74.

③ 胡乐乐,肖川.再论课程的定义与内涵:从词源考古到现代释义[J].教育学报,2009,5(01):49-59.

教育界由于深受苏联教育学的影响，长期把课程看作与学科等同或学科的总和。比如，上海师范大学《教育学》编写组编《教育学》时就认为，学生学习的全部学科称为课程。①这种定义的实质，是强调学校向学生传授学科的知识体系。然而，有学者指出，只关注学科知识，往往容易忽视学生其他方面的发展，或者说无法满足学生多方面发展的需要；将(原本统一于)课程的"内容"与"过程"人为地割裂开；②使课程这个一般概念无法涵盖"活动课程"和"隐性课程"③。

二是，课程即(书面)计划。

这种观点把课程理解为一种师生实行的专门计划，拓展了课程的外延。该定义有代表性的阐述为：课程专家塔巴(Hilda Taba)把课程理解为学习的计划。还有如我国学者朱智贤认为："学校的课程，是使受教育者在校里规定的期限内，循序继续得着各种应得的智识和训练，以求达到一种圆满生活的精密计划。"④但也有学者们认为，如果我们将那些"(书面)计划"视为"课程"的话，弃课程的动态性、生成性等于不顾，就会使学生丧失在课程中的主体地位。

三是，课程即预期的结果或课程即目标。

该观点认为，定义课程应该把目标、内容及其顺序和评价结合起来，课程实质上指一种预期学习结果。这一定义在北美课程理论中较为普遍，在西方课程理论中相当盛行的课程行为目标，便是典型的例子。⑤但课程目标的制定与实施过程在客观上是分离的，两者不可能完全一致；⑥把焦点放

---

① 胡乐乐,肖川.再论课程的定义与内涵:从词源考古到现代释义[J].教育学报,2009,5,(01):49–59.
② 赵文平.论课程作为教育过程中生成的文化事件——基于复杂科学理论的审视[J].当代教育科学,2012(5):18—21.
③ 赵文平.论课程作为教育过程中生成的文化事件——基于复杂科学理论的审视[J].当代教育科学,2012(5):18—21.
④ 朱智贤.小学课程研究[M].上海:商务印书馆,1931:2.
⑤ 施良方.课程理论——课程的基础、原理与问题[M].北京:教育科学出版社,1996:6.
⑥ 施良方.课程理论——课程的基础、原理与问题[M].北京:教育科学出版社,1996:6.

在预期的学习结果上,容易忽略非预期的学习结果;①另外,如果课程就是目标,那么课程目标又是什么呢? ②

四是,课程即活动。

这种观点强调学习应该以实际的活动和体验为基础。它认为学生通过参与各种活动,积极地实践和探索可以更好地理解和掌握知识。然而,该观点往往会让人把重点放在可观察的教学活动上,而不是放在学生实际的体验上,即把活动本身作为目的,从而忽视这些活动为之服务的目的。③

五是,课程即经验。

这种观点强调课程是学生获得的经验。该观点的批判者认为:首先,它未能将个体的学习经验与其他经验有效地区分开来;其次,个体经验是无法完全计划的,而群体经验又是难以适用于每一个人的;最后,容易忽略教师的主导作用。

六是,课程即社会文化的再生产。

这种观点认为,教育不仅仅是传授知识和技能的过程,更重要的是通过教育来传承社会和文化的价值观、信仰体系、社会规范等方面的内容,认为课程应该不加批判地再生产社会文化,以使处于社会文化中的个体能够适应社会。这种课程定义把课程的重点从教材、学生转向了社会。然而,这种定义虽然有助于维持现有的社会结构和文化秩序,但同时却忽略了目前的社会文化存在着不少的不合理之处,社会文化正处于不断变革当中,倘若课程只是教育学生去适应目前的社会,那么社会文化中的糟粕之处也会得到不断强化。

综上所述,关于教学和课程的定义,除了上述几种典型的定义之外,还有不少其他有关教学和课程的定义,在此不一一列举。由上,我们可以看出每种不同的定义都是教育工作者从不同的角度出发,或多或少涉及了教

---

① 施良方.课程理论——课程的基础、原理与问题[M].北京:教育科学出版社,1996:6.

② 郝德永.关于课程本质内涵的探讨[J].课程·教材·教法,1997(8):5—10.

③ 施良方.课程理论——课程的基础、原理与问题[M].北京:教育科学出版社,1996:6.

学和课程的某些本质,但也都在不同程度上存在着某些缺陷。可以预料的是,关于课程的定义的争辩还会继续下去,随着每一次不同观点的产生,人类会更趋近于教学和课程的本质。

(三)教学课程的概念

在分别了解了教学和课程的概念后,本书尝试着给教学课程下一个定义。所谓"教学课程",指的是教师与学生在课堂内开展教与学活动所生成经验的总和。它具有过程性、生成性、内隐性等特征。教学课程不同于传统课程的静态定义,不是课程专家预先设计的,而是师生在教与学过程中实际生成的。恰如美国后现代主义课程理论代表多尔所言:"课程成为一种过程——不是传递所知道的,而是探索未知的过程;并且通过探索,师生共同'清扫疆界'从而既改变疆界也转变自己。"可以说,教学课程既是一种进行时态的课程,更是一种融通的课程思维。教学课程思维的确立,将极大地推动课程的深度变革。教学课程将融通课程改革顶层设计与课堂教学间的缝隙,将富有创造力的师生推至课程改革的舞台中心。教学课程将启发课程改革者更加关注课堂教学,要求做到"深入课堂、研究课堂、改进课堂、优化课堂,提高课堂效率和教学质量"①。

二、教学课程创新建设的特征

与传统的课堂相比,核心素养为本的教学课程创新建设具有三个显著不同的特征,即在课堂教学中回归生命教育、创新课堂教学以及创生教育共同体。

(一)回归生命教育:教学课程的终极追求

生命是教育的起源与发展,人类教育的根本目的和最终归宿就是为了人类生命一代代的发展和延续。康德曾说:"人只有通过教育才能成为

---

① 左璠,魏国武."教学课程":不忘课程改革初心[J].中小学电教(教学),2021(02):12.

人。"教育的全部意义在于塑造人,从这个意义上来说,教育的终极追求便是人的生命自由而又全面地发展。因而当下,如果我们要返回教育的原点,回归育人为本的教育价值定位,那么,生命教育则是学校教育最重要的课程。所谓"生命教育",是指引导学生认识生命、敬畏生命、珍爱生命、享受生命、超越生命,提高生存技能和生命质量的教育活动。①关怀生命是现代教育的核心价值,如果人的生命不保,那何以谈教育?

而走入我们的现实世界,学校教育依旧追求的是升学率,课堂基本上还是以教师讲授为主的知识传授,课堂教学无法打动学生的心灵,无法引起学生们身心的共鸣,学生最终沦为没有感情的学习机器,而不是一个活生生的、完整而自由的人。"把丰富复杂、变动不居的课堂教学过程简括为特殊的认识活动,把它从整体的生命活动中抽象、隔离出来,是传统课堂教学观的最根本缺陷"②。

回归生命教育的教学课程,师生、生生应该通过多向交往共进,处于一个基于生命关联的生命共同体之中。回归生命教育的课堂同时面向知识世界、生活世界和心灵世界开放,让学生学习学科知识的同时,看到生命的真实,也能丰富其心灵世界。同时,生命教育课堂的教学设计既具有严密性、科学性,又具有教学操作的生成性、开放性和真实性,为师生的对话和互动预留空间。生命教育课堂绝不是单向的传授,而是在于激活和引导。激活学生对知识的渴望,对求真的向往,引导学生树立良好的学习生活习惯,引导学生丰富情感个性,充盈心灵世界。

(二)创新课堂教学:教学课程的逻辑起点

对逻辑起点的分析,主要是解释为什么要创新课堂教学的问题。由于长期以来,我国的课程教学重视静态的课本知识而忽视主动的实践能力,

---

① 王艳琴.教育是生命的唤醒——对青少年的生命教育[J].中学政治教学参考,2014(18):81-82.

② 叶澜.让课堂焕发出生命活力——论中小学教学改革的深化[J].教育研究,1997(09):3-8.

鼓励知识的继承与复制而轻视质疑、批判与创新精神,致使从课程流水线上整合出来的往往是难以适应社会发展的、规格化的教育产品。这种课程不仅不利于个人应对时代发展的需要,也不利于国家应对全球化进程中的国际竞争。

朱永新认为:"所有的教育问题,里面最重要、最关键的是教师进行的教育。教师是所有问题的出发点,教师是课堂的生发点⋯⋯教师也是课程的出发点,不仅是课程的执行者,同时也是课程的研发者。"[1]这对新课程建设中教师的教学课程开发与践行提出了明确期待和要求。创新课堂教学,是所有教师的时代使命和价值追求,也是所有教育工作者应关注的使命。创新课堂教学,就要求教师转变职业角色,用新思维和新视角来洞察课程的本质,并重新去构建与学生的关系,放弃传统课堂中所扮演的支配者和控制者的角色。首先,就与课程关系而言,教师要由课程规范的执行者成为新课程的创新者。具体来说,教师要自觉研究新课程的理念及其宏观发展趋势,提升自身的课程理论素养;有了一定的理论基础之后,对新课程进行开发和设计;最后,对课程进行创新性实施。[2]再者,就与学生关系而言,教师要由课程知识的授予者成为学生新人格的塑造者。创新课堂教学,教师职能将变狭隘的知识授予为以促进新人格成长为目的的教育交往,从而矫正教程与学程相分离甚至相对峙的应试倾向。[3]教师应该基于民主理念和生本理念与学生进行教育交往。

创新课堂教学,打破传统课堂的桎梏,让课程在动态中展开,教师从教无定法的基本原则出发,在与学生的多向互动交流的过程中,激发学生超越知识的智慧、激情和创造力,让教学过程的每个环节都充满生机和活力。

---

[1] 朱永新.新教育实验——中国教育改革的民间样本[M].北京:中国人民大学出版社,2019:8.

[2] 潘涌.论课程创新与教学创造力的解放[J].教师教育研究,2004(01):20-25.

[3] 潘涌.论课程创新与教学创造力的解放[J].教师教育研究,2004(01):20-25.

(三)创生教育共同体:教学课程的科学形式

自组织理论认为,一个孤立的社会系统往往会随着时间的推移变成死寂的自我循环,这种循环因为缺乏对外物质和能量的交换而没有发展的活力,须通过引进对系统有益的信息、资源、能量来改变这种状态。[①]教育是多元多向活动,如果只依靠学校,而不改变家庭、社会,教育最终也难能成功。教学课程创新科学有效地研发及开展,离不开符合科学的指导形式。而创生教育共同体是一种符合当下时代特点、教育发展规律、教育共同体利益的科学选择。这里,教育共同体包含三层内涵:一是站在教育主体上,包括学生、家长、教师、学校、社会的教育共同体;二是围绕教育主要内容上,应包含共读、共写、共学、共思、共同生活;三则立足教育追求,包括共同的文字、语言、情感、价值、愿景、成长和完整的幸福感。

教育共同体的创生,使教学课程的发展有了一个科学、良性的循环。它的出现能够让教师充分利用共同体中的资源,使教师的专业素质提高,教学创新环境升级,能够将教师的创造性从独有转化为共有,所生成的效果将推动整个区域教学课程的发展。总之,教育共同体强调学校、家庭和社会之间的合作与互助,强调创造一个有利于学生全面成长的环境,因而在推动学校教学课程的创新以及学生的全面发展中发挥着重要作用。

三、教学课程开发的关键点

教学课程的开发是教育领域中至关重要的一环。一门优质的教学课程不仅能够提供有针对性的知识和技能培养,还能够激发学生的学习兴趣、培养他们的思维能力和解决问题的能力。然而,在开发教学课程时,我们需要考虑到各种因素,如学生的特点、学科的要求、教学目标的设定等等。这里主要介绍以下三个关键点,旨在为教育工作者提供有力的借鉴,以应对不断变化的教育需求,为学生和教育工作者共同创造更美好的教育

---

① 张莉.论城区终身教育共同体的构建[J].教育发展研究,2015,35(09):43-48.

环境,促进未来教育的积极发展。

(一)开发主体一定是教师

当前,一些学校领导的教育观念落后,固守原有的科层化管理思维,把课程领导简单理解为学校领导的顶层设计和工作布置,忽视教师作为课程开发主体的积极性和创造性。[①]

教师由于常年处于教育教学的一线,在教育领域具有专业知识和丰富经验。他们了解学生的需求和学习目标,并能够根据学科知识和教学方法来设计合适的课程。教师可以根据学生的特点和学习能力,选择合适的教学资源和评估方式,以提供有效的教学。此外,教师还能够根据教学实践的反馈不断调整和改进课程。因此,在课程实施过程中,教师不再只是课程的忠实执行者,还是开发者,是在国家课程纲要的指导下的课程开发主体。[②]教师作为教学课程的主体,能够更好地满足学生的学习需求,并促进他们的学习成长。

因而,从课程的角度来看,无论是学科实践还是研究性学习都要强调教师的课程开发主体地位。[③]当然,教学课程开发也可以是一个团队合作的过程,包括教师之间的合作、教研组的参与以及教育专家的指导。这样的合作可以充分发挥每个成员的优势,提高课程的质量和创新的可能性。

(二)教学课程的实施场域主要在课堂

教学课程的实施场域可能会超越课堂,但目前其主要实施场域依旧是在课堂中。这是因为课堂是教师与学生进行直接互动和交流的场所,是知识传授和学习的重要环境。首先,课堂提供了一个集中注意力和专注学习的环境。在课堂上,学生们可以集中精力听讲、思考和参与讨论,而不会受

---

①曹斌.新时代学校治理面临的挑战与对策[J].教育理论与实践,2020,40(29):11-13.

②王云峰.沧桑百年话"课标"[J].中学语文教学,2015(01):4-8.

③夏永庚,尹巧玲.论"学科实践"的课程与教学论意义[J].教育理论与实践,2023,43(10):48-53.

到其他干扰因素的影响。教师可以通过控制课堂氛围和组织教学活动来实现学生的学习效果。其次,课堂可以提供互动和合作学习的机会。在课堂上,教师可以引导学生进行问题解决、案例分析、小组讨论等活动,通过互动和合作学习的方式来促进学生思维能力的提高和团队合作能力的发展。同时,学生之间的互动和合作也可以促进彼此之间的学习和理解。此外,课堂还可以提供实践和应用的机会。通过在课堂上进行实验、模拟操作、角色扮演等活动,学生可以将所学的知识和技能应用到实际情境中,提高他们的实践能力和问题解决能力。

总之,课堂是教学课程实施的主要场域,在课堂上进行的教学活动可以促进学生的学习效果的达成,以及思维能力、合作能力和实践能力的发展。然而,随着科技的发展,现代教育也逐渐借助在线教育平台和远程教学技术,将教学扩展到了更广阔的场域,提供了更多的学习机会和方式,成为课堂的有益补充。

(三)教学课程的载体主要是国家课程

21世纪初,国家颁布《基础教育课程改革纲要(试行)》,提出"实行国家、地方、学校三级课程管理"[①],这极大地调动了教师对课改的积极性,课改呈现出生动活泼的局面。然而,随着课改的深入进行,其中引发的一些问题也值得我们关注和深思。比如,不少学校热衷于把重点放在校本课程的开发上,追求量的丰富,但自觉不自觉地将国家课程的创造性实施搁置,甚至逐步冷淡下来。如在课程整合时,无形中将国家课程弱化、淡化,甚至边缘化,影响了国家课程实施的质量。[②]这些现象的出现聚焦了一个问题,那就是如何更准确地对待国家课程。

我们知道,不管在任何时代,国家都要"在教授正确的知识、规范和价

---

① 钟启泉,崔允漷,张华.为了中华民族的复兴为了每位学生的发展:《基础教育课程改革纲要(试行)》解读[M].上海:华东师范大学出版社,2001:11.
② 成尚荣.坚持国家课程的主导性、完整性与权威性[J].基础教育课程,2018(09):1.

值中发挥强大的作用"①。这些正确的知识、规范和价值的载体便是课程,其中国家课程代表着国家的意志,是国家对学生素养发展基本要求的规定。实施国家课程可以主导课程的核心价值观,确保学生发展核心素养。②况且,国家课程是由许多专家学者、教科研人员以及优秀的教师反复打磨而成的精品课程,如若像上述现象那样,将国家课程弱化、淡化,甚至边缘化,也是对教育资源的一种极大的浪费。学校肩负着"为党育人、为国育才"的神圣使命,因而学校在实际的教育教学当中,务必要坚持国家课程在学校教育以及课程结构中的主导地位,将国家课程作为教学课程的主要载体。另外,在国家课程改革宗旨的指引下,遵循国家课程的基本理念和目标对国家课程校本化的过程中,既要体现学校的办学特色,也要体现国家课程的共性。

第三节　教学课程创新建设路径

核心素养的落地,关键在于能够基于学生的核心素养,构建特色教学课程体系。那么,究竟如何构建,有怎样的实现路径呢? 在与全国几所实验学校通力合作的过程中,我们探索和创生出一条融理论分析与实证调查,整合自上而下与自下而上的研究思路的新型教学课程体系建构路径。

一、教学课程创新建设的三种样态

课堂教学形态研究是学校课堂教学文化研究的重要组成部分,其表现在:一是,课堂教学形态是在科学合理的理论指引下,做出的符合国家、地方和学校课程标准的外在表现;二是,课堂教学形态是师生共同行为、师生关系的展示,是最基本、最广泛、最普遍的学校文化;三是,课堂教学形态高

---

① 阿普尔.文化政治与教育[M].阎光才,等,译.北京:教育科学出版社,2005:6.
② 成尚荣.坚持国家课程的主导性、完整性与权威性[J].基础教育课程,2018(09):1.

度表达了一所学校对教育教学意义的理解,对教育理想、价值和精神的追求。在各个实验学校教学课程创新建设中,笔者主要探索出基于科学理论、基于学校特色及基于育人目标三种主要样态来进行教学课程创新。

(一)基于科学理论

课堂教学形态是在科学合理的理论指引下,体现国家、地方和学校课程标准的外在表现,教学课程的创新建设不仅需要科学合理的理论指引,还依赖与丰富多元的教育学、心理学、社会学等理论的有机结合,这些理论的综合应用往往能够为传统课堂教学改革带来新的思路和活力。这需要在进行核心素养为本的教学课程创新建设中,用心探寻合理有效的理论指引,积极创新教学课程建设,开创基于科学理论的新型课堂形态。以下以郑上路小学为例,从其课堂形态和课堂评价两方面进行说明。

1."脑体双优"课堂形态

郑上路小学是一所有着近百年历史的学校,学校的足球特色明显。为了使本校的课堂形态更加契合足球特色,紧扣培养慧高体健的双优学子的育人目标。郑上路小学经过长期的探索形成了新的道德课堂形态,其名称为:"脑体双优"课堂形态(如图6-1所示)。

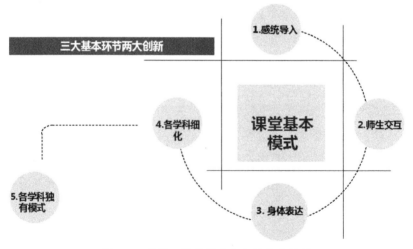

图6-1 脑体双优型课堂基本模式流程图

"脑体双优"课堂以脑体双优理论为依据,将脑科学、认知科学、运动科学研究成果应用于课堂教学实践。该课堂形态打破了以往传统教学模式,实现了从过去的"整体—部分—整体"的教学方式到"感统—脑体交互—身体表达"的转变。"脑体双优"为理论指导的课堂上,教师可利用多种形式的教学模式,开发创造多维信息刺激,为学生提供丰富的学习环境,从而促使产生更多的神经元连接,诱发神经系统的可塑性,诱发神经网络的可塑性,促使学生形成对学习内容更深层次的思考和认知,激发学生学习动力,提高自我效能。它把教学从浅表的知识教学和技巧训练的层面,推进到深入学科本质与培养学生核心素养的层面上来,学生通过感统导入、师生脑体交互、身体表达等,体验脑体共同参与学习,共同发展的基本过程,更有效地促进学生学习力、审美力、创造力等核心素养能力的提升和发展。

2."脑体双优"课堂评价

课堂教学是课程实施的途径,脑体全优能的课堂教学总的模式为"感统导入—师生脑体交互—身体表达"三个环节,各个学科间根据学科特点呈现细节差别,以下以"学习力"课程课堂教学模式为例进行说明。

[案例6-1]郑上路小学"学习力"课程课堂教学模式

围绕"学习力"理解与表达中学习表达、渗透必备品格的主要思路,通过"感统导入—师生脑体交互(理解内容、学文悟法)—身体表达(实践操作、迁移运用)"三个环节,最终形成学生个体独特的理解与表达能力等素养,让学生在参与互动中学习,在交流中学习,在体验中学习,在游戏中学习,在探究中学习,在生活中学习,从而达到脑体双优的目的。

围绕"学习力"学习能力中的思维力,脑体全优能课堂教学模式采用"感统导入(激发兴趣、唤醒旧知)—师生脑体交互(探索、理解新知)—身体表达(记忆、运用新知)"三个环节进行,在教学内容方面,我们尝试在课堂教学中,引入手指操、数一数、摸一摸、折一折、剪一剪、拼一拼、摆一摆、量一量等方式进行有意义的师生互动,以期通过多感官参与学习的脑体全优能课堂教学模式,培养学生的核心素养,为学生的终身发展服务。

对于脑体全优能的课堂教学,我们建立教师自评、教师之间互评、学校领导评价等机制,完善对课堂教学的评价,如表6-1所示,介绍了"学习力"课程之学习能力课堂教学评价标准。

表6-1 "学习力"课程之学习能力课堂教学评价标准

年　　月　　日

教学内容			年级		授课教师	
课堂实施过程	主体	各项指标及基本表现			分值	得分
感统导入	教师	课前热身活动要有利于唤起学生经验,有利于学生主动开展学习认知活动(例如手指操、听口令做动作等)			5	
		根据学习目标,创设合适的活动情境,要有利于激发学生的学习兴趣(例如家庭生活情境、社会生活情境、科学探究情境等)			5	
	学生	主动参与、做中学、学中做,情绪饱满,思维活跃			5	
师生脑体交互	教师	根据学习目标设计合适的活动内容(例如"请你像我这样做"、摆一摆、拼一拼、量一量、画一画、拨一拨、折一折、剪一剪、演一演等)			15	
		探究的活动与过程符合学生的认知规律和知识的形成规律,符合学生思维发展和成长追求			10	
		教学方法灵活多样,实施分层教学,做到精讲精练			10	
		指导学法,重视全体学生的思考和语言表达			10	
	学生	主动参与、乐学善思,通过观察、实验、猜测、验证、推理与交流主动探究获取知识和技能			5	
		课堂上能积极地用语言和动作表达自己的观点			5	
	师生	教师运用及时恰当的语言或者动作对学生进行评价,生生之间主动倾听并参与语言或动作等形式的评价			10	
身体表达	教师	教师语言富有感染性,肢体动作能与学生积极有效互动,调节课堂气氛,引导学生达成学习目标			10	
	学生	能用自己的语言和动作积极参与到课堂中的自主活动以及小组活动中			10	
总体印象				合计分数	100	

学生主动参与,在做中学、学中做,情绪饱满、思维活跃、乐学善思;学生在课堂上通过观察、实验、猜测、验证、推理与交流,主动探究获取知识和技能,还能积极地用语言和动作表达自己的观点;学生积极参与到课堂中的自主活动以及小组活动中,三大环节分别指向学生核心素养的提升,旨在实现学生"脑"和"体"的结合,最终使学生达到脑体双优。

在课堂教学中考察教学是否能促进学生达到脑体全面发展的目标,但这并不意味着要求所有教师都采用统一模式,而是在认同教师需要,根据学科、学生、班级特点做出调整的基础上鼓励教师的教学创意。

(二)基于学校特色

课堂教学形态是师生共同行为、师生关系的展示,是最基本、最广泛、最普遍的学校文化。进行教学课程创新建设,可以从学校特色入手,发现独有亮点、发掘潜在能量、构建特色课堂。在进行核心素养为本的教学课程创新建设中,我们发现有不少学校基于本校特色,从教育教学实践出发,积极构建独树一帜的新型课堂形态。以下,以外国语小学为例,从其课堂形态和课堂评价两方面进行说明。

1.MELT课堂形态

外国语小学MELT课堂形态的确立是从师生的实际情况出发,通过对目前课堂形态的现状调查、分析及问题归因,探索出立足学生核心素养目标、基于学习心理机制和学习理论、紧密结合"让世界走进校园,让学生走向世界"的办学愿景,依托学校"融"文化,构建的发展学生核心素养的"MELT"课堂。如图6-2所示,其课堂教学形态包含"读—思—研—达—享"五部分。

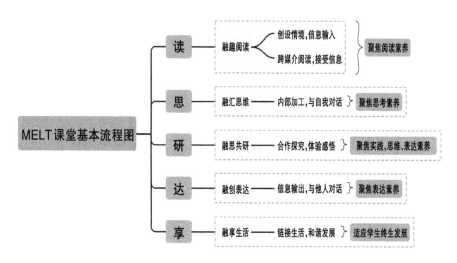

图 6-2　MELT课堂基本流程图

"读"指的是"融趣阅读":教师根据教学目标,引入或创设一定的教学情境,把知识融合到情境中调动学生多角度、多方面体验知觉外部世界,激发学生的学习兴趣。

"思"指的是"融汇思维":根据学科核心知识,教师设计引领学生深度学习的统领性问题,学生通过跨媒介阅读、独立思考,形成自己的观点,促进学生自主学习能力的提升。

"研"指的是"融思共研":在问题探究过程中,学生通过倾听、交流、获取、整合有价值的信息,加强学生与他人对话,完善个人观点、提升合作、研究学习能力。

"达"指的是"融创表达":学生在实践活动中,获得个性化的审美体验,通过创意表达,提升审美品位。

"享"指的是"融享生活":围绕学科学习,融合学生生活,引导学生在实践活动中,联结课堂内外、学校内外,开展探究活动,提升学生素养。

"阅读、思考、表达、实践"四项核心要素体现在课堂的不同环节中。

2.MELT课堂评价

MELT课程作为外国语小学自主开发的校本课程,对于该课程进行评价的课程评价体系的建立也自成系统。MELT课程的总目标是全面落实立德树人根本任务,以《中国学生发展核心素养》为指导,以培养全面发展的人为核心,依据学校的办学理念、育人目标,打破学科壁垒,实现不同学科之间的深度融合,满足学生发展需求,使外语特色更加突出,培养具有民族精神、国际视野的"外小学子",培养高素质人才,满足师生对幸福教育生活的追求,进而打造学校的教育品牌,助力中原品质教育的长远发展。基于以上目标,外国语小学采取科学的方法,经过不断摸索和实践,形成了适应MELT课堂的教学评价量表,具体如表6-2所示。

表6-2 外国语小学MELT课堂教学评价表

授课教师_____ 科目_____ 年级_____ 日期_____

课堂实施过程	主体	各项指标及基本表现	分值	得分
M信息获取	教师	根据教学目标,教师能围绕主题,为学生选择和设计优质的教学资源(包括绘本、听力材料、视频、歌曲、数据等等)	5	
		教师能创设情境,恰当引导学生集中注意力进行观察(文本或事物等),从而精准地获取相关信息	5	
		课堂上,教师能根据教学目标,适时提供给学生海量的信息,帮助学生提升信息获取的素养	5	
	学生	学生在课堂上能关注并获取有效的信息,同时通过各类活动表现出搜索和处理信息的素养	5	
E沟通表达	教师	教师能运用准确而生动的语言(鼓励使用英语)清晰地向学生传达教学目标和任务	3	
		教师能采用启发式等方式及时反馈大部分学生的表现和回答	3	
		教师能创造平台和机会,让学生与学生之间展开交流和合作	4	
	学生	学生在课堂上能全情参与小组合作学习,并在小组学习中积极表达观点,有效开展合作	5	
		学生能将当堂所学内容进行有效表达与展演(板演)	5	
	师生	师生互动交流频繁且有深度,包括眼神、语言、思想等方面的交流和互动	5	

续表

课堂实施过程	主体	各项指标及基本表现	分值	得分
L实践素养	教师	能根据教学目标科学创设情境或任务,给学生搭建实践创新的场域或活动(占重要比重)	15	
		根据教学条件巧妙地设计实践活动,最大限度地激活学生的学习潜能	5	
	学生	主动而热情积极地参与到各项应用实践活动中,注重创新	10	
	师生	在学生实践过程中,针对学生出现的问题,教师能及时进行示范和引导,达到共同进步	5	
T思维素养	教师	教学过程清晰,能设计层层递进、具有一定深度、广度的问题来激活学生的思维	5	
		提供平台和创设机会,激发学生来自主提问和质疑	10	
	学生	围绕重点问题能积极思考,敢于发表自己独到的见解和看法	5	
		能主动就学习内容进行思考,提出问题	5	
总计				

近年来,特色建校、特色强校的成功实践也助推广大中小学校用心反思,在校本课程开发和课堂建设中应如何关注自身条件,挖掘学校本土特色资源,在创新课堂形态的行动中进一步促进师生共同成长、学校长远发展。

(三)基于育人目标

课堂教学形态研究是学校课堂教学文化研究的重要组成部分,课堂教学形态是师生共同行为、师生关系的展示,是最基本、最广泛、最普遍的学校文化。在创造性地进行教学课程创新建设中,课堂教学形态的确立也可以主要基于育人目标而做创新改革。以六十九中学为例,我们从其课堂形态和课堂评价两个方面进行说明。

1.幸福课堂形态

该校以构建师生人生幸福为起点,以立德树人为目标建构了幸福课堂模型,如图6-3所示。具体而言,幸福课堂模型是以培养学生幸福素养为核心、以课堂四要素的实施为手段、以培养学生的幸福感为目标,发展学生的五感(即关系感、归属感、自我实现感、获得感和发展感),在提问、合作、展示、检验等课堂环节中去实施课堂教学的课堂模型。

图6-3 幸福课堂模型

在幸福课堂中,老师努力将自己的所学所思运用到课堂教学之中,促进学生成长,并在自己对学生的期待中体会幸福;学生在获得情感上的满足后产生积极性和主动性,从而提高课堂学习的实效,进而获得成长的幸福。幸福课堂是以学生为主体、学教合一的课堂。不论是课前的准备、课中的教学,还是课后的巩固,老师都要把学生幸福感的获得放在第一位。教师要把教学设计、教学组织、教学评价的重点放在学生身上,对所有学生充满期待,让每个学生都能够体验到学习的快乐和成功的喜悦。教师要有良好的心态和开放的思维方式,并且把这种思想付诸教育教学实践中。师生平等对话,彼此尊重,营造一个轻松的环境,共同发展。

构建幸福课堂即构建尊重学生主体存在的师生关系,构建以学生为中心的自主学习课堂,构建促进学生思维发展的合作学习课堂,构建提升学生情感体验的幸福课堂,构建多元化、激励性幸福课堂评价的全方位、全过程、全人式课堂,让师生感受到教学与学习的快乐,从而获取幸福能力。幸福课堂深刻响应核心素养为本的新时代课程标准,真正达到了立德树人的教育终极目标。

2.幸福课堂评价

六十九中学的幸福课堂教学评价标准立足于教师、学生、学习小组三个层面的通力合作,着力培养学生的关系感、归属感、发展感、获得感和自我实现感,如下表6-3所示。

表6-3 六十九中学幸福课堂教学评价表

授课教师_____ 科目_____ 年级_____ 日期_____

幸福感	主体	各项指标及基本表现	设计理念	分值	得分
关系感	教师	尊重学生的个体差异,举止亲切,方式灵活,多用鼓励性语言	师对生	5	
		创设贴合学生实际生活的情境,设计师生、生生互动环节	教学设计对关系感的展现	5	
	学生	大多数学生能准确、及时捕捉教师传递的信息,并进行互动和反馈	生对师	5	
		大部分学生能和同伴分工合作,分享彼此的见解,交流情感与体验	生生之间	5	
归属感	教师	根据课堂教学进展的情况与出现的问题,采取有效措施,调整教学环节	对课堂生成的应对	3	
		结合学情能设计有弹性、开放性、实践性的教学环节,把课堂交还给学生	教学设计中对学生归属感的体现	3	
	学生	有主人翁意识,学习积极主动,能自我调控学习情绪,动静皆宜(课堂能从突然爆出笑声转到戛然而止,会从激烈的讨论转入冷静专注的聆听,有一种良好的学习情绪状态)	学生参与程度	4	

续表

幸福感	主体	各项指标及基本表现	设计理念	分值	得分
发展感	教师	能灵活利用各种教学资源激活课堂教学	教师课堂教学成长	3	
	教师	教学内容遵循一根主线层层递进的逻辑关系,教学环节引导学生思考与质疑、探索与实践,营造深度学习的氛围	教学设计中对发展感的体现	3	
	学生	具有问题意识,敢于发现与提出问题,发表独到的见解	学习成长的展现	4	
获得感	教师	能驾驭课堂,满足不同层次学生的学习需求,目标达成度高	教学目标完成情况,教师对课堂满意度的体现	5	
	学生	学生在课堂上收获很明显,在学科核心素养方面得到了锻炼和发展	完成课堂学习目标	5	
自我实现感	教师	教学过程或课堂风格,能彰显个人的语言魅力、知识涵养等教学素养	教师自身素质展现	3	
	教师	依据学生个体差异,设计有不同层次的练习题,以满足不同类型学生的需要	教学设计对学生自我实现感环节的展现	3	
	学生	各层次的学生能有机会展示自我,获得学习的成就感	学生成就感的体现	4	
				总计	

在培养关系感方面,教师要尊重学生的个体差异,举止亲切,教学方式灵活,运用鼓励性语言,着力培养师生之间和谐、融洽的师生关系。教师在课堂环节中,注重创设贴合学生实际生活的情境,通过设计师生、生生互动环节,来促进师生、生生之间关系的发展。在课堂中,大多数学生能准确、及时捕捉教师传递的信息,并进行互动和反馈,给老师以积极正向的回应,与老师产生共鸣和交流。在小组合作学习中,大部分学生能和同伴分工合作,分享彼此的见解,交流情感与体验,以增强小组成员之间的情感交流。

在培养归属感方面,教师能够根据课堂教学进展的情况与出现的问题,采取有效措施,及时调整教学环节,提升教师对课堂生成的应对,增强教师对课堂的调控。在教学设计方面,教师能够结合学情设计有弹性、开放性、实践性的教学环节,把课堂交还给学生,充分体现学生的主体地位,提升学生的课堂归属感。课堂活动中,学生有主人翁意识,学习积极主动,并且能够自我调控学习情绪,能从突然爆发出笑声转到戛然而止,会从激烈的讨论转入冷静专注的聆听,在课堂中保持一种良好的学习情绪状态,使整个课堂动静皆宜。

在培养发展感方面,教师能够灵活利用各种教学资源激活课堂教学,以促进教师的专业成长和发展。在开展教学活动中,教学内容要遵循一条主线层层递进的逻辑关系,设计的各个教学环节要引导学生思考与质疑、探索与实践,营造深度学习的氛围,增强教师教学设计和教学实践的能力,促进教师专业水平的提升。在课堂上,教师努力使学生具有问题意识,敢于发现与提出问题,发表独到的见解,以促进学生的个人发展。

在培养获得感方面,教师能够驾驭课堂,满足不同层次学生的学习需求,高效达成教学目标,增强教师对课堂的满意度和课堂教学的获得感。通过课堂学习,学生在课堂上收获很明显,在学科核心素养方面得到了锻炼和发展,提升学生的课堂获得感。

在培养自我实现感方面,教师的教学过程或课堂风格,能彰显个人的语言魅力、知识涵养等教学素养,使教师的自身素质得以展现。教师能够依据学生个体差异,设计有不同层次的练习题,以满足不同类型学生的需要,使各层次的学生能有机会展示自我,获得学习的成就感,增强课堂学习的自我实现感。

随着社会的不断发展,越来越多的人逐渐意识到教育本身的意义——育人,育人不仅仅是授人以鱼,更重要的是授人以渔,培养出德、智、体、美、劳全面发展的人才。以核心素养为导向,真正培育学生的核心素养,促进学生的全面成长,实现党和国家立德树人的育人目标是学校在进行教学课程创新建设中的初衷和使命。

二、教学课程创新建设的有效策略

随着社会的快速变化和知识的迅速更新,传统的教学方法和课程设计已经无法满足现代学生的学习需求。因此,为了提高教育质量和培养具有创新思维和实践能力的学生,我们需要不断探索和实施有效的策略来进行教学课程的创新建设。在此,笔者通过介绍个性化、课程化和生成性策略,并结合几所实验学校的课堂形态建设的真实案例进行说明,旨在引导教师更好地适应并应对当今快速变化的教育环境,帮助教师在教学课程创新建设中取得更好的效果,为学生提供更具有挑战性和实用性的教学课程。

(一)个性化策略

个性化教学是素质教育的必由之路。2010年颁布的《国家中长期教育改革和发展规划纲要(2010-2020年)》提出:"关心每个学生,促进每个学生主动地、生动活泼地发展,尊重教育规律和学生身心发展规律,为每个学生提供适合的教育。"[①]自此,个性化教学在我国学校教育中被提到了更高的位置,也得到了学者和教育工作者更多的关注。[②]个性化策略应该贯彻落实到学校教育教学的每一个层面。

1.学校的宏观层面

从宏观层面来说,每所学校根据本校的办学理念、学校文化以及学生的具体情况等,构建不同的教学课程,以下以伏牛路小学和锦绣小学为例说明。

[案例6-2]伏牛路小学教学课程

2019年,我们前期对伏牛路小学的文化进行剖析和研究,认为"伏牛"是勤奋踏实、坚持忍耐、多元创新、高尚品德的象征;伏牛山文化圈居"全国当中",处黄河文明与长江文明的交汇地带,地理位置得天独厚,是中原人类之源,中原笔墨之源,中原青铜、陶瓷文明之源等,是中华民族传统文化的本源和骨干。伏牛山文化蕴含雅与实的文化内涵,确定学校发展理念为——雅实教育。随后又用座谈、问卷调查等方法对学校课程实然和应然状态进行了一系列的全面调研。经过认真分析和研究,以培养"高雅而踏

---

① 国家中长期教育改革和发展纲要(2010-2020年)[N].中国教育报,2010-07-30(01).
② 任京民,陈燕.个性化教学设计及其策略[J].教育理论与实践,2015,35(11):57-59.

实的伏牛学子"的办学目标为指导,构建伏牛路小学雅实课程初步的课堂形态。雅实课程下的课堂形态,即以学生为中心,培养学生的多元化发展。为了学生的发展,教学团队展开深入探讨与学习,逐步构建以学生为主体、多学科相融合、在探索中学习的课堂形态,并逐步提出了课堂教学的关键特征:雅言、雅境、实创、实作。雅言——课堂语言的优雅规范。雅境——创造优雅的课堂环境与宽松的课堂氛围。实创——鼓励学生创造性地表现。实作——一步一脚印,扎实的知识基础。

[案例6-3]锦绣小学教学课程

2015年,锦绣小学首次招生,我们结合学校地域特点、文化传统、社会期待,通过问卷、访谈等了解学生和家长情况,基于中国学生发展核心素养、高效课堂理念,学习科学与建构主义学习理论,确立了学校"智慧似锦,行止如绣"的办学理念,梳理历代大家、学者的成长轨迹、学习方法、生活态度,形成学校文化——静、敬、竞、净,确立"以静启智,怀敬生慧,以竞励行,净以知止"的育人途径。为落实学校"科学的头脑,温暖的心灵"的育人目标,学校将"JING"文化渗透在学生成长中的每个环节。构建"JING"课程体系,逐步形成"JING学堂"课堂形态。"JING"是学习过程中的四种关键态度,具体表述为"静、敬、竞、净"。"静"是凝神探索的专注,"敬"是对浩瀚知识的渴求,"竞"是超越自我的勇气,"净"是心无旁骛的执着。学校的课堂追求认知能力的发展,更注重元认知能力的形成。锦绣小学课堂形态,即敬师敬识、净心净言、静思静读、竞创竞行,力求打造动静结合、内外相生、德智合一的JING课堂,并最终形成了"锦研绣行"课程体系。"锦研绣行"课程分为"美研JING行""科研JING行""语研JING行""创研JING行"四大体系。

以上,无论是伏牛路小学雅实教学课程的构建,还是锦绣小学"JING学堂"教学课程的构建,都是基于学校地域特色、学校文化以及学校学情的实然和应然状况等,体现学校教学课程体系构建的个性化。因为每个地方都有自己的文化传统、社会经济环境和教育资源,通过个性化构建学校课程,可以更好地融入地方特色,使学生更加贴近自己的文化环境,并能够更好地适应和服务于当地的需求。同时,不同学校面对的学生群体和教学资源有所不同。通过个性化构建学校课程，可以充分利用学校的优势资源，针对学生的实际情况设计合适的教学内容和方法，提高教学效果，从而更好地满足学生的学习需求。再者，每个学校都有自己的学科特长和教学重点。通过个性化构建学校课程，可以充分发挥学校的学科特长，加强相关学科的教学内容和培养，提高学生在该领域的专业能力和竞争力。

2.学科的中观层面

从中观层面来说，不同学科根据本学科的特色，也需要运用具体的策略构建不同的教学课程。具体来说，首先，不同学科的教学课程不同的原因在于各学科所关注的对象和内容差异较大。例如，语文教学注重培养学生的阅读理解和写作能力，需要通过一些文本进行教学；数学教学则主要强调逻辑思维和计算能力的培养，可能会进行一些数学公式和问题的讲解；自然科学教学注重观察和实验能力的培养，通常会进行一些实验或模拟实验。其次，不同学科的教学课堂不同的意义在于满足学科发展和学生需求的要求。各学科都有自身的学科目标和价值取向，因此需要相应的教学课程来实现这些目标。例如，历史教学需要通过史料等进行深入的研究和讨论，以培养学生对历史事件、人物和文化的理解和分析能力；艺术教学需要进行创造性的表达和审美素养的培养，通常会有一些实践性的课堂活动或作品输出。此外，不同学科使用的教学方法和策略也有所不同。例如，数学学科常采用演绎法和问题解决法，语言学科常采用互动讨论和写作练习，科学学科常采用实验和观察。因此，教学课堂需要根据学科的特点选择适合的教学方法，以促进学生的学习效果和兴趣。

锦艺小学课堂团队经过理论学习和多次研讨，开发了基于童年课程理论的CHILD课堂形态。锦艺小学CHILD课堂形态五要素包含：连接性（Connecting）、希望性（Hopeful）、交往性（Interactive）、生活性（Living）、实践性（Developing）。为了更好地实施CHILD课堂五要素，学校成立语文、数学、英语、科学四个课堂微团队，之后经过不断打磨，最终，四个微团队开发了自己的课堂教学模式见图6-4、6-5、6-6、6-7。

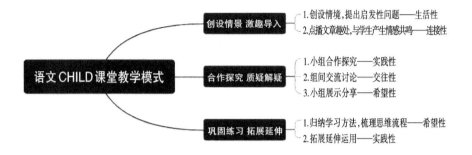

图6-4　语文CHILD课堂教学模式图

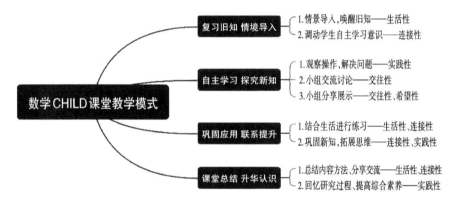

图6-5　数学CHILD课堂教学模式图

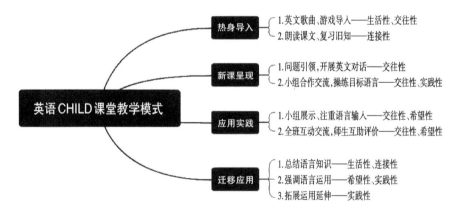

图6-6　英语CHILD课堂教学模式图

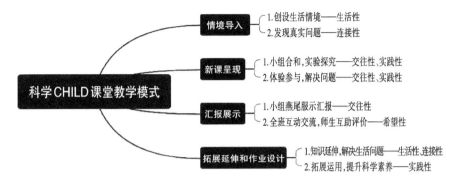

图6-7　科学CHILD课堂教学模式图

由上图6-4、6-5、6-6、6-7可以看出,虽然都是基于CHILD童年课程理论指导下的教学课程,但是由于不同学科之间本身所具有的差异性,不同学科在具体的教学课程中具有很大的不同。因此,要求我们在构建教学课程的时候,要特别注意学科之间的区别,根据不同的学科采取个性化的策略。

3.课堂的微观层面

从微观层面来说,教师在进行课堂教学时也要运用个性化策略。其背后的理论依据则是维果斯基的"最近发展区"理论。维果斯基认为,学生的发展有两种水平:一种是学生的现有水平,指独立活动时所能达到的解决问题的水平;另一种是学生可能的发展水平,也就是通过教学所获得的潜力。两者之间的差异就是最近发展区。采用个性化策略进行教学,就是基于各个学生已有水平的基础,通过个性化教学,给予学生适合的、必要的和有针对性的支持,以期学生能够达到各自潜在的发展水平。

个性化策略在教学课堂中具体的运用有如下几种方式。其一,根据学生的个性和能力水平进行分组教学,既可以把能力相近的学生分为一组,也可以把成绩好的和成绩差的学生混搭为一组,并且可以针对不同学生个性和能力方面的差异,分配适合自己的任务。其二,随着社会经济的发展,科技水平的提高,教师在课堂教学中可以使用计算机辅助教学来处理学生的差异。其三,组织多种课堂活动,提出各种开放式的问题,鼓励学生积极分享自己的观点,并针对学生的思维能力水平进行个性化的引导。其四,课堂中布置课后作业也要根据学生的情况进行分层,避免一刀切,以期使学生通过课后作业得到针对性的巩固和提高。其五,个性化的教学离不开教师的个性化。教师的教学具有个体性和示范性,对学生具有潜移默化的影响。各种具体策略的运用对学生的影响就像是冰山露出来的表面,而对学生具有更深层影响的则是隐藏在水面下的冰山部分,即教师自身的个性。教育教学的实践表明,教师的个性特征会直接和间接地作用于学生。[①]因此,教师只有勇于坚守自己的教学个性,才会培养出有个性、有创造力和生命力的学生,而不是规格一样的流水线上的教育产品。

有位老师教《石壕吏》这一课,在读到"夜久语声绝,如闻泣幽咽"时,他提了一个问题:"谁在哭泣?"一石激起千层浪,有学生回答:是老妪在哭泣,因为她要离开家了,既担忧自己,又挂念家人。有学生回答:是老翁在哭泣,因为老妪要离开了,他要离开老伴,心里难过。有学生回答:是儿媳妇和儿子在哭泣,因为一家人东奔西走,家庭破碎。有学生回答:是杜甫在哭泣,因为国家动荡不安,百姓民不聊生,他的内心是痛苦的……

在这节课上,教师通过提出开放性的、有价值的问题,激活学生的思维,催生学生的个性化表达,学生也提供了多元的解读,这就是个性化的教学。

(二)课程化策略

目前学校教学课堂上面临着核心素养培育的现实问题:课堂上教师只教教材,只讲书本上有助于应试的知识点,要求学生识记以满足应试需要,学生的学习大部分都是脱离具体真实情境的抽象学习,因而很难将所学知识迁移到实际生活中去解决真实的问题。况且,现实问题的复杂性意味着其解决往往需要综合运用两个或两个以上学科的知识与方法,这使学生核

[①] 任京民,陈燕.个性化教学设计及其策略[J].教育理论与实践,2015,35(11):57-59.

心素养的培养不仅需要相关学科的具体学习,也需要学科关联的跨学科学习。①面对当前学生核心素养的培育困境,如何让学生在教学课程中生成核心素养? 以学科大概念统摄大单元教学和跨学科教学被众多学者认为是培育核心素养的重要抓手,为突破当前的困境提供了新途径。

　　大概念是基于大量具体事实抽象概括出来的迁移性极强的概念。"以学科大概念统摄大单元教学的方法则是指在大单元教学设计中,学科大概念是大单元教学的起点,将单元目标凝练为学科大概念,有助于揭示知识本质联系,有利于教学内容结构化和学科知识思维化"②。新课标背景下跨学科学习的内涵是:基于学生学情,围绕具有真实意义、探究和实践性质的研究问题,以某一课程内容为基础,运用并整合其他课程的相关知识和方法,以开展综合学习的一种方式。③

　　这两种教学方式都强调提炼最核心、最本质的概念,然后以此为抓手去整合现有学习资源,创设贴合学生生活经验的真实性问题情景,设置问题链,循循善诱,引起学生的主动性和好奇心,学生结合学过的知识和生活经验,生成自己的概念性理解,从而能够迁移到实际生活中去。

　　以学科大概念统摄大单元教学和跨学科教学在实际的教育教学中得到了积极的探索和尝试。

[案例6-4]锦艺小学教学课程

　　锦艺小学基于学校育人目标、学生的兴趣需求、教师的特长爱好三个维度,设计并开发了学校的特色课程——跨学科主题课程 (Interdisciplinary Thematic Curriculum, ITC),跨学科主题课程拟采用的定义为:围绕主题,在学科课程的基础上,注重课程实效,将不同的学科知识与学

---

① 董艳,夏亮亮,王良辉.新课标背景下的跨学科学习:内涵、设置逻辑、实践原则与基础 [J].现代教育技术,2023,33(02):24-32.

② 沈虹,鲁艳.大概念统摄下的大单元教学设计例析[J].中学政治教学参考.2023(10): 39-41.

③ 董艳,夏亮亮,王良辉.新课标背景下的跨学科学习:内涵、设置逻辑、实践原则与基础 [J].现代教育技术,2023,33(02):24-32.

生的兴趣和生活经验相结合,重视学习活动中学生的参与和学习活动的多元化,帮助学生用多重视角探究主题。[1]锦艺小学形成了分别指向儿童人文、社会、精神、自然世界的"儿童活动课程、儿童文学课程、儿童哲学课程、儿童想象课程"四大类课程。尝试打破学科壁垒,着眼学生核心素养的培育,满足学生发展的需求(见表6-4)。

表6-4 锦艺小学特色课程所跨学科

课程名称	特色课程	所跨学科
儿童活动	会生活	综合实践、劳动与技术、美术
	享美食	综合实践、语文、美术
	爱运动	体育、综合实践
儿童文学	跟着诗词游河南	语义、美术、综合实践
儿童哲学	儿童哲学	语文、道德与法治、美术、音乐
	模拟联合国	英语、语文、地理
儿童想象	魔幻剧场	音乐、美术、语文
	机器的世界	数学、科学、信息、综合实践
	创想空间	科学、信息、数学、综合实践

(三)生成性策略

美国教育学家维特罗克提出了生成学习理论,他认为学习的生成过程就是学习者原有的认知结构——已经存储在长时记忆中的事件和脑的信息加工策略,与从环境中接受感受信息(新知识)相互作用,主动地选择和注意信息,以及主动构建信息的意义。生成学习有两个前提:一是人们生成所知觉事物的意义,总是与他以前的经验相结合,也即理解总是涉及学习者的认知过程及其认知结构;二是人脑并不是被动地学习和记录输入的信息,它总是建构对输入信息的解释,主动选择一些信息,忽视一些信息,并从中推出结论。[2]新课程理念同样认为,课堂教学是师生共同的生命历

---

[1] 庄玉珂.小学主题式课程整合现状及策略研究——以重庆市 H 小学为例[D].重庆:西南大学,2020.

[2] 谭敬德,陈清,张艳丽.维特罗克生成学习理论认识论特征分析及其对教学设计的指导意义[J].电化教育研究,2009(08):22-25.

程,是不可重复的激情与智慧的综合生成过程。课堂动态生成就是指在教师与学生、学生与学生合作、对话、碰撞的课堂中,现时生成的超出教师预设方案之外的新问题、新情况。[①]教学课堂是变化莫测、精彩纷呈的,尤其是现当代学生获取信息知识的渠道很多,在平常的课堂中会出现各种"意想不到"的问题和答案,因而完全按照教学设计的课堂几乎是不存在的。这就要求我们教师在教学设计中留白,在教学实施中留心,充分运用教师的教育智慧,捕捉和创造动态生成的契机,使课堂成为师生、生师和生生交流对话、合作互助的场域,呈现出动态生成、生机勃勃的特点。

[案例6-5]淮河路小学生成性教学评价

淮河路小学将动态生成作为落实课堂的三大要素之一,同时其课堂教学评价也是围绕"情感体验""互动交往""动态生成"三要素展开实施(见表6-5)。

表6-5　沁润课堂教学评价标准

要素	目标	评价量规			
		教师	等级	学生	等级
情感体验	丰富情感 收获成功	营造氛围,以生为本 尊重差异,因材施教 激活情感,多元评价	☺☺☺	自主选择方法 敢于发表见解 丰富情感表达	☆☆☆
互动交往	相互学习 团结协助	结合情境,搭建平台 指导互动,传授方法 关注参与,鼓励互动 适时调控,促进提升	☺☺☺	积极参与互动 自主发现问题 积极探索新知 善于合作探究	☆☆☆
动态生成	探索新知 掌握技能	精心设计,引导生成 拓展资源,促进生成 捕捉问题,调整预设	☺☺☺	转变学习方式 自主合作探究 大胆质疑创新 展示研究成果	☆☆☆

---

① 张卫华.关注"动态生成":让课堂充满道德智慧[J].思想理论教育,2009(10):49-50.

第七章 多元立体发展：核心素养为本的学校课程建设评价

学生、教师和学校的发展质量是检验课程成效的根本标准,多元立体的学校课程建设评价是检验课程建设质量、推动学生素养发展的有效抓手。新时代要求学校课程建设评价需实现从一元到多元、从平面到立体的转变。据此,笔者提出基于STS–BIP的学校课程建设评价。在STS–BIP模式下的学习课程评价不仅关注宏观整体视角,也关注微观具体视角,做好学校、教师、学生层面的基础性、个性化、过程性评价。

第一节 STS–BIP学校课程建设评价的理论基础

教育评价事关教育发展方向,有什么样的评价指挥棒,就有什么样的办学导向。当前,我国基础教育课程改革已经步入全面深化阶段,伴随着育人目标与知识结构的重塑,教育评价迎来前所未有的重视与期待。2020年10月,中共中央、国务院印发的《深化新时代教育评价改革总体方案》中明确指出,现阶段教育评价的重点任务是改革学校评价,要求义务教育学校评价要有助于在"促进学生全面发展、保障学生平等权益、引领教师专业发展、提升教育教学水平、营造和谐育人环境"等多方面,实现顾及多方位的综合性评价。这就要求课程评价亟需站在学校的层面上,以多元立体的新视阈回答现有课程评价中并未能充分解决的一些关键问题,如学校课程建设中评价向度单一、脱离社会实践以及指标失准失衡等。由此可见,学校课程建设评价面临新的机遇与挑战。

归根溯源,何为学校课程建设? 自2001年新课程改革明确提出实行三级课程管理体制,教育部印发《基础教育课程改革纲要(试行)》的通知要求"学校在执行国家课程与地方课程的同时,应视当地社会、经济发展的具体情况,结合本校的传统和优势、学生的兴趣与需要,开发或选用适合本校的课程"。学校课程建设被赋予时代意蕴,学校课程建设不再只是知识的排列组合,还贯通社会主义核心价值观、学生核心素养、校本特色等内容。因此,指向学校课程建设的评价被认为是基于学校课程建设的真实情境,由多方利益相关者共同对学校课程建设进行系统描述和判断,为学校课程建设改进提供决策支持与参考意见。[①]基于此,笔者认为学校课程建设评价是指基于学校课程建设的真实情境,对学校的课程设计、开展和实施过程进行全面、系统、客观、科学的评估,旨在检测课程目标是否得到有效落实,教学内容是否合理有效,教学方法是否适当,教育教学效果是否达成预期,是否体现社会需求等方面的问题,并为进一步改善和提高学校课程建设提供科学依据。

STS-BIP学校课程建设评价承接了新时代学校课程建设评价的新内涵、新要求和新发展,并在此基础上进一步延伸与发展。STS-BIP学校课程建设评价体系指的是基于学校、教师和学生的基础性、个性化、过程性的学校课程建设评价体系。其中,"STS"分别指的是学校(School)、教师(Teacher)、学生(Student)三维立体主体,"BIP"分别指的是基础性(Basic)、个性化(Individual)、过程性(Processing)。在"BIP"中,基础性评价(B),又称一般性评价,强调的是规范办学,体现学校的基本条件、学校管理和办学基本要求等方面的内容,具有指令性、统一性和共性,包括办学思想、办学

---

① 玄兆丹,王嘉悦,李凌艳.指向学校课程建设的评价:特征、挑战与优化[J].中国考试,2023(02):33-41.

理念、育人目标、课程目标、社会影响等方面;个性化评价(I),强调的是特色追求,是由学校依据教育改革和发展需求,根据自身发展的不同阶段和办学特色选择提出,体现选择性,个性化,突出外语特色的评价指标,包括办学特色、课程图谱、课程结构、课程资源等方面;过程性评价(P),"过程"是相对于"结果"而言的,具有导向性,过程性指标不是只关注过程而不关注结果的评价,更不是单纯地观察学校的阶段表现,要及时地对质量水平做出判断,肯定成绩,找出问题,是过程性评价指标的一个重要内容,包括课时课表、课堂教学、作业设计、课程制度建设、活动组织、信息化建设、队伍建设等方面。

在STS-BIP模型中,对各个指标下所涵盖的内容进行了细化,体现出当代目标导向的学校课程建设评价模式。在STS-BIP学校课程建设评价中,因其呈现出多元立体化的评价模型,从时间维度和空间维度上全面了解STS-BIP学校课程建设评价的理论基础与原则特征,探析学校课程建设问题与实施状态,进而形成改进建议尤为重要。

一、时间维度:基于过程哲学的STS-BIP学校课程建设评价

怀特海在《过程与实在》中提出:"认识论问题和实在论问题若相互孤立起来,就不可能得到恰当的解决。认知者和被知者、知识与对象、观念与事物的二元论。"[①]他主张现实是动态的、持续变化的和过程化的,宇宙的基本成分是发生和变化的事件,而非静态的物质或实体。至此,一种非二元化的哲学视角被学界广泛关注。过程哲学作为一种涵盖物理、生物、心理和社会现象的全面哲学视角,它强调现象的动态、变化和过程性的特征,而不是静态或死板的事物。评价在本质上是对价值的判断和揭示,因而探讨评价问题首先要思考价值的属性和特点,[②]应以一种动态性的视角去进行全方位科学性的评价。基于此,用过程哲学的视角来回

---

① 杨富斌.怀特海过程哲学思想述评[J].国外社会科学,2003(04):75-82.
② 张曙光.过程性评价的哲学诠释[J].齐鲁学刊,2012(04):69-73.

答当今学校课程建设评价的问题具有先进性与科学性,过程哲学运用于课程评价十分重要。

(一)尊重个体差异

过程哲学尊重学生的个体差异,强调个体间的互动性与参与性。过程哲学倡导的过程原理提到,一个实际存在物的生成方式构成了这个实际存在物是什么,即事物的生成构成事物的存在。进一步追究,在过程哲学的视阈下每个人都是由一个个经验生成而来的,富有内在独特价值的存在。课程建设是一项整体的、复杂的、系统的基础教育建设工程,具有长期性、阶段性和周期性的特征。而过程哲学强调事物的动态性、变化性和关系性,强调对学生的评价更加尊重他们的独特性。

一方面,个体是处于不断变化与发展的生命实体。若想实现生命的正向发展或进行客观的价值判断,最终决定者只能是个体本身。过程哲学中认识到每个个体都是在不断发展和变化的过程中的生命实体。于教育工作者而言,在评价学生时,关注点应放在学生的发展和学习过程上,而非仅仅侧重于学习的结果或是终点。每一位学生都是其自身发展的过程实体,都有自身独特的学习步调、风格和路径。学生的成长也不是线性、均质的,而是各向异性和丰富多彩的。过程哲学倡导评价应立足学生的实际,尊重他们的选择,让学生独立思考和体验,同时鼓励他们尽全力去探索和发现。

另一方面,过程哲学强调相互作用。在教育领域,这表示不应孤立地看待学生的表现或行为,而是将学生看作是与他人、环境、文化和历史背景之间相互作用的产物。借用过程哲学的视角,帮助教育工作者更全面地理解学生。不仅应看到学生在课堂上的表现,还应看到他们与更广泛世界的连接,更好地欣赏到每个学生的核心素养。考虑学生在学习路径、速度和方式上的不同,将其中的个性和创新纳入评价考虑中来。在一定程度上,过程哲学强调尊重个体差异的思想底蕴淋漓尽致地体现在STS-BIP学校课程建设评价中。其强调形成"学校—教师—学生"的多元立体式的评价体系,就要求课程建设评价需让师生、家长等相关人员参与其中,了解他们的体验和感受,从而更全面地了解课程设计、开展和实施的具体情况,发现问题并及时进行改进。

(二)强调学习过程

过程哲学强调学习过程,用动态的视角来对学生进行综合性的课程建设评价。过程哲学的一大特征阐明一切事物都是持续的、动态的过程,是一种非静态的状态,认为变化和发展才是事物的真实状态。在解构西方实体思想的基础上,过程原理进一步提出事物是持续的、动态的过程。过程哲学的发展,关键在于要将研究视角从静态发展到动态,从对过程的平面化静态描述发展到生成的立体性动态描述。在过程哲学关照下,从一个阶段进展到另一个阶段的生成过程成为各学科开展讨论不可绕开的筋脉。透视到深受实体思维影响的现代教育学中为我们提供的启示是:教育评价不仅应重视学习的结果,同样也该关照学生自我创造的过程,落在学生如何发现问题、批判性地分析问题、解决问题和独立思考等难以依靠分数来监测的综合能力上。由此可见,基于过程哲学的学校课程评价应以一个动态化的视角统整与贯通整个学校课程建设的过程,而非只在意某一个人工设置的阶段或节点;有效记录与评估学生学习的过程,更加全面地了解学生的总体学习情况和综合能力发展。顺应教育过程的开放性、过程性、非线性和非确定性等特征,评价的重心即可回归到人身上,实现以"生"评"在"而"生""生"不息。

(三)提倡内在关联

和传统的在时空上有限的宇宙观相反,怀特海展望的是一个在空间和时间上都是无限性,并且处于不断相互联系着的动态宇宙。过程哲学的宇宙观谈到,世界和宇宙是一个活生生的、有生命的机体,处于永恒的创造进化过程之中。过程表明一个机体可以转化为另一机体。换句话说,过程被视作为构成有机体各元素间内在联系与相互作用的关键机制。其内在逻辑不仅是对宇宙存在方式的动态解读,更体现出当代科技、人文等社会活动在时间维度上也存在内在关联的智慧。在这个意义上,任何给定的教育结果都不是孤立产生的,而是由学生、教师、教学内容、教学环境等多个元素共同创造的结果。各要素之间相互作用,共生共存,从而形成独特的教学过程与教学情景。从时间维度上看,过程也是持续联系的,在整个教育旅程中发挥不可忽视的影响力。任何一段学习状态都可能成为下一阶段学习动态的起点,持续地影响着学生的成长轨迹。如此一来,学校课程评价不但要揭示学生"当下"的学习活动的意义,而且要揭示"当下"学习之与未来可能发展的关系,考虑教育环境、学校建设、师生互动等因素对学生的影响,在全面客观地了解学生之下,做出公正科学的评价。

(四)倡导评价公正

过程哲学倡导课程建设评价的公正性。过程哲学认为,世界是一个活生生的、有生命的机体,处于永恒的创造进化过程之中。有机体的根本特征是活动。活动表现为过程。过程则是构成有机体的各元素之间具有内在联系的、持续的创造过程,它表明一个机体可以转化为另一机体。因此,整个宇宙也就表现为一个生生不息的活动过程。[①]过程哲学强调的事物之间相互关系和相互作用,预示着评价不能孤立前行,而应在多元的、复杂的背景下进行。这也让教师在评价时更加全面地理解学生的表现,从而做出更为公正的评价。基于过程哲学的STS-BIP学校课程建设评价注重对不同环节之间相互联系的分析与关注事物间的因果关系等多重关系,帮助评价者进行更加全面公正的评价,考虑教育环境、师生互动等因素对课程建设的影响,从而有效评价课程质量。不难发现,基于过程哲学的STS-BIP学校课程建设评价,能够更全面、客观、科学地评估课程建设的整个过程,发现问题并及时进行改进,提高教育教学质量,促进学生的全面发展。

[①] 王洪席,靳玉乐.课程改革:过程哲学之思[J].全球教育展望,2010,39(04):27-31+36.

164

二、空间维度:基于 CIPP 模式的 STS-BIP 学校课程建设评价

20世纪后期,美国著名评价专家丹尼尔·斯塔弗尔比姆提出 CIPP 模式作为教育评价中非常重要的一种模型。CIPP 分别指的是 context(背景)、input(输入)、process(过程)和 product(结果)。背景评价主要是对项目实施的必要性和合理性进行评价。它需要对问题进行诊断,以确定束缚要解决问题的关键因素,包括教育需求、环境、目标和策略等方面。背景评价应回答以下问题"方案面对的需要是什么""这些需要的广泛性和重要性如何""方案的目标在多大程度上反映了已评定的需要"[①]。输入评价主要是考察计划实施的可行性,即针对目标,评价计划、策略、资源配置等是否适当,以及是否具备教育活动所需的条件和资源。输入评价包括评估过程中所使用的资源和策略,包括教育资源、教材、教师培训、教学方法等。过程评价是监控和文档活动的实施过程,包括教学活动实施的过程、效果与问题等情况,为调整方案、纠正偏差和提高效率提供反馈。过程评价还要求对实施过程进行全面记录,以获得文字资料信息。[②]在过程评价中,要回答的问题主要是"方案实施的程序如何""方案本身及实施过程要不要调整或修改""如何修改"。结果评价即输出评价。这部分侧重于衡量和解析最终结果或效果,它根据既定的目标和标准,检查活动是否达到预期的目标,以及活动带来的更远期的影响。斯塔弗尔比姆认为,CIPP 模式在运用中,评价者可根据需要采用不同的评价策略,各种评价既可以在方案实施前使用,也可在方案实施中使用;可以实施一种评价,也可以实施几种评价。这完全取决于评价听取人的需要,是一种十分灵活的模式。[③]

通过这四个要素的综合评估,CIPP 模式可以提供对教育项目的全面评价。它关注项目的背景和目标,评估实施过程中所使用的资源和策略,考察实施过程和指导方法,以及评估项目实施的结果和影响。这个模式有

---

① 高振强.CIPP 教育评价模式述评[J].教学与管理,1998(Z1):57-59.

② 高振强.CIPP 教育评价模式述评[J].教学与管理,1998(Z1):57-59.

③ 肖远军.CIPP 教育评价模式探析[J].教育科学,2003(03):42-45.

助于确定项目的优势和不足,并做出改进和调整的决策。据此,CIPP评价模式提供了一个具备系统性的定性和定量评价的框架,以确保项目或计划的效率、有效性并满足相关需求,为当今的学校课程建设评价提供了一种来自背景、输入、过程与结果四个维度的视角,帮助我们以全面和系统化的角度来进行评价。

STS-BIP学校课程建设评价,继承了CIPP模式中立体化的评价体系,以空间视阈为学校课程建设评价提供一种全方位的评价视角。在背景评价阶段,基于CIPP模式的STS-BIP学校课程建设评价会对学校教育课程的背景环境等进行客观评价,包括课程建设的必要性、适应性及目标设定的合理性等。识别学校内外环境的需求因素,明确课程建设的问题和挑战,评价其发展策略是否切合学校的实际情况和目标,力求对课程的总体有个概括性的认知。在输入评价阶段,基于CIPP模式的STS-BIP学校课程建设评价需对课程设计的各个方面进行评价,包括教育资源的配置(教师、教材、设备等)、课程内容设计的科学性、教学方法的有效性及考核方式的公正性等。通过分析和比较不同的课程方案,评价资源的调配是否合理,以确保实现课程的目标顺利实施。过程评价阶段作为STS-BIP学校课程建设评价最为重要的一环,主要考察在课程实施中的内容,要求密切关注教学过程,对教师教学行为、学生学习行为、学生的核心素养、教学方法的实施效果等多方面进行多角度综合性评价。STS-BIP学校课程建设评价模型主要包括对教师、学生、学校的一般性评价指标体系(S-B)、个性化评价指标(S-I)、过程性评价指标(S-P)。结合过程评价的主要特点及其着重回答的问题,本模型有助于为教学者提供反馈信息,以便更好地了解教学的实施计划、实施进度以及资源利用情况,为修正教学方案提供指导。此外,定期的评估方案有助于为参与人员的工作情况提供有效信息和详尽的方案记录,包括所实施教学内容与原定教学内容的比较以及教学活动发生的主体对教学的整体评判等。在结果阶段,主要对学生的学习成果进行评价,包括学生的知识掌握、技能提高、情感态度、核心素养变化等方面。在这个阶段,评价的目标是检查课程实施是否达到预期的目标,以及这个过程是否给学生的学习发展带来了实际效益。

总的来说,基于CIPP评价模式的STS-BIP学校课程建设评价是一种涵盖评价过程全方面的,提供了一个系统和全面的框架的,可以帮助教育工作者更好地理解和改善教育过程,提升教育质量,做出更明智的评价模式。

第二节 STS-BIP学校课程建设评价的特征与原则

一、STS-BIP学校课程建设评价的特征

(一)指向教育效益最大化的特征

评价的目的是把握价值主体与价值客体之间的价值关系,它制约着价值主体、评价视阈和评价标准的确立,因而制约着整个评价活动。[①]在学校课程建设中,评价的目的是改进课程,促进人的发展,为此,必须摒弃单纯以结果为导向的评价目标,明确课程评价的框架和学校课程开发背后的价值取向。在评价中考虑课程设计被理解为对学校课程的体检,与以结果为导向的课程评价不同,这是一种能够带来改进的内部评价,而不是为了对课程进行外部监测和报告的行政性、临时性评价。

首先,学校课程建设评价的出发点和落脚点都是提高课程开发的质量,最大限度地发挥核心课程的潜能。课程评价通过发现课程与人之间的互动信息,关注过程,重视反馈,旨在促进课程的持续改进,超越了发现课程、选择课程、管理课程的初衷。课程评价具有现实性和前瞻性。它不仅要考虑与课程相关的活动的实际实施情况,还要考虑课程现象的未来走向。

---

① 冯平.评价论[M].北京:东方出版社,1995.

其次,人作为评价主体,其对价值的甄别是评价得以存在的依据和来源。[1]它是评价得以进行的基础和源泉。课程开发评价是以人为本的评价,充分发挥教师和学生的主观能动性。评价是以人为本的评价,充分发挥教师和学生的主观能动性。它关注教师和学生在课程中的价值,始终体现对学生基本素质的培养和对教师发展的促进,始终体现促进学生核心素养发展和教师专业发展的愿望。

最后,过程性评价与总结性评价是实现课程评价、促进学校课程建设效益最大化的有力途径。过程性评价旨在改进与发展,能够激发被评价者的正向积极态度,降低对评价客体的威胁性,为总结性评价开展减少阻碍。将过程性指标加入学校课程建设中方能寻求课程评价效能的最大公约数。

(二)指向主体多元以及差异性的特征

课程评价的孤立封闭与动态开放形成鲜明对比,评价主体的结构单一与多元、评价范式的封闭独白与动态开放,以及评价过程的圈囿定向与可逆延伸是其实然与应然的矛盾所在。[2]由于课程建设的系统性和复杂性,以及众多利益相关者的参与,以单一线性为特征的孤立封闭的评价范式已不再适用。必须突破封闭、机械的评价过程,淡化强势评价主体(如管理者、专家等)的绝对话语权,关注弱势评价主体(如教师、学生等)的评价方案、评价活动或意向陈述的价值,突出多元主体的互动性和评价主体实践情境的存在性。基于此,课程建设的评价主体指向学校、教师、学生的多元主体评价。

评价的目的从根本上说是要标识个体的独特价值,而不是通过评价把个体标识成极端同质化的主体。[3]因此就评价的不同主体来说,学校课程

---

① 玄兆丹,王嘉悦,李凌艳.指向学校课程建设的评价:特征、挑战与优化[J].中国考试,2023(02):33-41.

② 熊杨敬.教育评价多元主体的共同建构:基于对话哲学的视域[J].教育研究与实验,2018(5):74-78.

③ 沈娜.课程评价的现状、特征及价值转向[J].教学与管理,2018(04):4-6.

建设的评价指向了差异性,差异性不仅仅表现在主体上的不同,也表现在主体间的不同,例如在进行 T-BIP 评价的过程中,不同教师的个性化差异能够通过评价而凸显出来,学生同样也是,因此,面对不同主体的个体差异,我们在课程评价过程中应充分考虑不同主体的个体差异,包容不同的个性和文化。基于此,学校课程建设的过程不仅仅达到了育人的效果,更是将不同主体的个性彰显出来,能够让不同的主体以自由、开放的状态投入学校课程建设当中。

(三)指向发展性与持续性的特征

从发展的根本动力来看,课程建设评价的着眼点落在主体发展的内生动力上,主要是从学校、教师、学生已有的发展基础上,把评价指向主体内在的意义,不断拓宽评价的空间,提升评价的质量。因此,确立内生发展性的评价目标,把教师和学生的生命成长史相融合,应该成为课程评价的理性追求。从过程性评价中不断发掘发展性的特征,能够让学校、教师、学生在课程建设评价的导向下形成螺旋式上升的发展状态。

二、STS-BIP 学校课程建设评价的原则

(一)STS-BIP 学校课程建设评价的主体性原则

学校课程建设评价体系的构建应体现主体性原则。个体要实现生命的正向发展和价值体现,最终的决定者只能是个体自身,而不是外界不客观、不科学、不真实以及不全面的评价。[①]教师、学生作为一种主体性存在,有其自身的存在逻辑和发展规律,个体生命发展的根本特征是主动性、自主性和内生性。生命视角下课程评价的基本点是以人为本,以师生的生命幸福、价值实现和个体主动性的充分发挥为基础,注重发挥学生的生命潜

---

① 王中男.考试文化:课程评价改革的深层桎梏[J].华东师范大学学报(教育科学版),
　2013(1):33-38.

能,尊重学生的兴趣爱好和个性差异,鼓励探索和创新,引导学生提高实践能力。在评价中体现宽容、尊重和理解,排除控制。教育评价尤其是课程评价,要以心中有人为目标,充分体现评价的人文关怀,通过评价实现进一步成长的可能,拓展进一步发展的空间,扫除教师与学生发展过程中的障碍,促进主体性成长的路径,不断找到自己生命成长的存在感和意义感。基于此,STS-BIP模式的学校课程建设评价体现主体性原则。

(二)STS-BIP学校课程建设评价的层次性原则

学校课程建设评价体系的构建应体现层次性原则。STS-BIP模式的课程建设评价对象应包括学校、教师、学生三个层面。在评价实践中,学校往往将这三方面的评价割裂开来,且重点一般放在了容易操作的学生学业成就评价和具体专业课程评价这两个层面,还没有形成对学校和教师评价的有效途径,对课程体系的评价往往隐含在专业建设的课程开发环节之中,以意见和建议的形式出现,模糊了评价的实践主体性,这就导致评价体系的层次性不明确,子评价系统之间出现了较严重的割裂现象。而学校课程体系的整体评价缺乏,在很大程度上造成既有评价体系无法全面反映专业培养的质量和水平,评价的反馈作用难以得到有效体现。从课程评价理论研究与实践的关系来看,中小学校课程建设评价缺乏构建层次性整合课程评价体系的理论研究与实践活动。课程评价体系的层次性原则要求,在构建适合中小学校教育自身特色的课程评价体系过程中,应以课程评价对象的关系为基础,充分发挥课程评价子系统之间的相互辅助作用,有效整合评价资源,构建分工明确、相辅相成的层次性课程评价体系。基于此,STS-BIP模式的学校课程建设评价体现层级性原则。

(三)STS-BIP学校课程建设评价的多元化原则

学校课程建设评价体系的构建应体现多元化原则。STS-BIP的课程建设评价体现三个主体,针对主体的不同,课程评价的标准对应不同,例如,同样是评价BIP三个层面,但是T-BIP和两个S-BIP之间的评价标准不同。学校层面的评价标准是从学校自身建设的角度出发,学生和教师的评价标准是从人的主体出发,同时,不同的主体之间的评价标准还体现了多元化的价值观。在实践方面,评价标准的多元化表现在复杂的评价指标体系的建立上,不再以单一的评价标准来对课程建设进行分析,而是将课程建设对学校整体质量、教师的专业成长、学生的能力和素养培养作为评价体系的基本标准。课程建设评价体系标准的多元化的基本核心是促进学校、教师、学生三方面的多元化的发展,既包括学校整体质量的提升、教师专业技能的发展、学生的全面发展,也包括具有个体差异性的不同教师、学生,都能按照其个性倾向发展。基于此,STS-BIP 模式的学校课程建设评价体现多元化原则。

第三节 STS-BIP学校课程建设评价的实施策略

基于以上对STS-BIP学校课程建设评价的梳理与分析,发现当代学校课程建设评价是需要和学校育人文化、学生核心素养要求以及其他因素相融合的基础的、个性的、过程性的评价体系。在实践方面,STS-BIP学校课程模式提供一种先进灵活的评价体系供学校参考借鉴。它颠覆了传统一元的课程评价模式和异化课程观,为学校课程建设探索出一条科学、持续、健康评价的结合路径,以此支持学校课程的持续更新和变革。

一、从一元走向多元的STS-BIP学校课程建设评价

评价与课程实施之间的关系是通过课程实施过程相关主体的认知和感受而发挥作用,以"心中有人"为目标,充分体现评价的人文关怀。基于此,STS-BIP学校课程评价模式要求构建"学校—教师—学生"三维立体的多元评价结构,依靠多样化多层次的评价方式实现。通过从一元走向多元的学校课程建设评价方法,可以综合考查学生的多个维度,包括

知识、技能、态度、价值观和核心素养等,有助于更全面地了解学生的学习情况、发展潜力和个性特点,帮助他们实现全面发展。坚持走多元的学校课程建设评价需要采用多元评价方法,推动教育的综合发展和学生的全面成长。

(一)坚持"学校—教师—学生"三维评价主体

在STS-BIP学校课程建设评价模式中,首要坚持的就是三维评价主体,鼓励多主体参与进课程建设评价的过程中来。通过自我评估、同伴评估和教师评估等方式参与评价,让学生更好地了解自己的学习情况,提高自主学习和自我发展的能力;让教师了解学生的所思所想,调整变化育人方式;让学校了解学生实情,更好融入自身特色学校文化。

1."爱的教育"STS-BIP学校课程评价体系开发——郑州市实验小学

郑州市实验小学(以下简称"实验小学")基于国家新时代的教育评价观以及学校"做好爱的教育"的办学理念,从学生、教师和学校三个层面构建学校的"爱的教育"STS-BIP质量评价模型。学校课程评价指标(S-BIP)下设一级指标,即内涵发展、品牌凝练,以检测学校办学愿景中"爱的教育"的完成度;教师课程评价指标(T-BIP)下设三个一级指标,即爱之以德、爱之有道和爱之生情,以检测学校教师培养目标"懂得爱"的完成度;学生课程评价指标(S-BIP)下设三个一级维度,即富有爱心、乐学善思和全面发展,以此检测学校育人目标"成为懂得爱"的达成度。

以学校课程评价指标(S-BIP)建构过程为例,实验小学从其品质教育发展出发确定学校基础性评价(S-B)指标;基于学校育人宗旨"在爱的教育的引领下,旨在让师生过上幸福完整的教育生活探索",通过查阅档案和实地考察,将个性化评价指标(S-I)细化为量表二级维度,着重评估学校个性化课程建设水平,以此构建该校学校课程评价量表(S-BIP)(见表7-1)。

表7-1　郑州市实验小学S-BIP学校课程评价量表

一级指标B	二级指标I	三级测查点	评价标准	分值	评价结果
内涵发展 (50分)	课程体系	课程规划	课程规划的目标、内容、实施、规划四要素齐全;内在有逻辑联系;能体会学习办学理念及育人目标	10	
		国家课程	开足开齐国家课程;教师教学活动落实LOVE课堂形态;每周一次综合实践活动课	10	
		校本课程	每周开设校本课程;校本课程满意度	5	
	学校活动	活动计划及实施方案	活动有计划;落实有方案;活动后总结	10	
		活动参与效果	活动参与度≥80%,活动效果好	10	
	教育成果	获奖情况	近三年学校、教师、学生荣誉汇总	5	
品牌凝练 (50分)	教育思想	教育思想	课程观、教师观、学生观	20	
	学校特色	科技赋能	信息化校园	10	
	学校管理	学校管理的创新	开放式管理、有温度的管理	20	

　　课程评价本身不是目的,而是达到目的的方法和工具。该校模式建构过程表明,STS-BIP学校课程评价模式具有突出的灵活性与可操作性,可供学校根据自身评价侧重与实际需求共同塑造评价体系,合理地调整学校课程评价指标优化构建秩序,对促进学校课程建设的高质量发展起到了积极作用。

2."童年课程"体系建设——锦艺小学

　　锦艺小学通过对"童年课程"体系的构建,挖掘学校资源,找准学校课程建设、文化建设与各主体责任的有效契合点,努力实现学校课程观建设。在S-BIP(学校评价)促进课程实施方面,锦艺小学通过组织童年课程团队的老师参与各种活动,听取任课教师对课程建设的意见,及时修正不足,完善方案;同时,要对实施的年级进行问卷调查或召开座谈会,关注学生喜好的程度,听取学生、家长、社会人士的建议和意见,促进课程的实施。在T-BIP(教师评价)促进课程实施方面,教师在童年课程的教学实施过程中的体验,对课程的开发能力、再创能力及情感体验等方面做综合的评价,进而调整在课程实施方面的能力,促进课程更好发展。在S-BIP(学生评价)促进课程实施方面,通过对学生课程学习的过程体验、特殊素养的养成、基本素养的养成的评价,找到课程设计的缺陷,调整课程方案,进而促进学生在锦艺学子四大核心素养上的发展,促进课程的实施。通过坚持三维评价主体共同促进教与学的互动,让学校和教师了解学生的学习情况和需求,提供相应的教学支持和资源,帮助学生通过评价反馈自己的学习成果和需求,参与到教学过程中。这种互动可以有效促进教学和学习的互动,提高教学效果和学生的学习动力。

此外,郑州市中原区汝河小学的"美好课程"课程建设评价建设,要求构建教育行政部门、学校管理者、专家学者、教师、学生以及家长等多元利益主体共同参与、多视角、多维度课程评价活动的评价主体协作体系,这有利于克服课程评价管理主义倾向,营造民主、和谐的评价氛围,多角度、多层面审视学生发展状况,保障评价结果的客观、真实与全面。此外,学校、教师和学生通过评价结果进行反思和讨论,分享各自的经验和发现。这种共享和反思有助于促进知识和经验的共同积累,提高教学效果,增加学生的学习成果。

(二)坚持多样化层次化的评价方式

传统的测试评价方法,无法满足学校对学生全面的整体的评价需求。与多样化的评价主体相比,传统的评价方法可能只关注学生的考试成绩,而非考虑到学生如知识、技能、态度和价值观等的多个成长维度。采用多种方式评价学生,如作业评估、项目展示、口头报告、小组合作、同伴评估、个人学习成长手册等,综合考虑学生的不同才能、学习风格和兴趣,全面了解他们的学习情况和发展潜力,促进学生的全面成长和个性化发展。同时,为教师提供有针对性的教学改进和支持。

外国语小学在MELT课程体系的教学实践活动中,通过过程性课堂评价的方式改变教学方式,鼓励各学科教师围绕MELT理念,通过M(信息获取)、E(沟通表达)、L(实践素养)、T(思维素养)四个维度制定了教

学目标,将MELT融合课程的理念贯穿课堂。将多样化的评价方式细化
进评价标准之中,增强了教师备课上课、评价过程中落实核心素养的意
识,教学目标更加明确,思路更加清晰。

　　锦绣小学采用表现性评价方法,每年寒暑假开展各年级挑战性学习
任务,让学生在生活中,运用知识解决问题或创造某种东西,以考查学生
知识与技能的掌握程度,以及实践、问题解决、交流合作和批判性思考等
多种复杂能力的发展状况。丰富多样的评价方式,有助于更好地对学
生的核心素养进行综合性考察(见表7-2)。

表7-2　锦绣小学一年级语文:小兵团大冒险表现性评价方案

评价项目	评价目标	评价内容	评价标准	评价实施
经纬交错的"字"与"数"	1. 喜欢学习汉字,有主动识字、写字的愿望 2. 认识常用的汉字1600个左右,其中800个左右会写 3. 掌握汉字的基本笔画和常用的偏旁部首,能按笔顺规则用硬笔写字,注意间架结构 4. 能够用学过的字组词 5. 学习独立识字,运用一定的识字方法 教材依据:识字表和写字表	以本册书中的二类字为基础,评价认读、基本部首、笔画、结构、识字方法等内容	语文:共8分 A类:6~8分 1.快速认读40个生字,发音准确 2.快速说出5个字的识字方法、结构、部首、识字方法 B类:4~5.5分 1.认读25~29个生字,发音较准确,有一定的速度 2.知道说出5个字的识字方法、结构、部首、识字方法 C类:2~3.5分 1.能够认读20~25个生字,速度较慢 2.基本能够说出个字的识字方法、结构、部首、识字方法,1处错 A+:抽取生字卡片,教周围的小朋友们	1.选取一个小组和自己小组进行"竞"赛,回答得又快又准的小组可以每人多加0.5分 2.小组的每个成员依次抽取题目,首先正确读出抽到的40个字,做到准确流利。读完之后回答抽到的问题,做到准确通畅。同时不会的孩子小组成员可以教教他 3.A+环节:向幼儿园的弟弟妹妹讲一讲记住生字的方法,生字的偏旁、结构等。要求语言流利通顺,有一定的条理,仪态自然大方

二、从平面走向立体的STS-BIP学校课程建设评价

课程作为一个多类别、多层级、多要素构成的复杂系统,如果仅停留在某一层级或使用单一方法或二维层面进行评价则难以反映课程全貌。STS-BIP学校课程建设评价模式积极吸取全方面、整体性和立体化的评价策略,强调要进行基础性、个性化和过程性的课程建设评价。将课程评价从仅仅关注学习成绩的单一评价转变为立体式综合考虑学生的知识、技能、态度和价值观等多个维度的评价。有逻辑、有秩序地针对不同的学科和课程目标制定评价标准和指标,明确学生在不同方面应该达到的要求,保证评价的客观性和一致性,使评价结果更加准确和有效。

(一)技术依托,构建STS-BIP立体化评价体系——外国语小学

外国语小学根据课程开发四个环节,即课程背景、课程设计、课程实施和效果评价勾勒STS-BIP学校课程评价量表。在此基础上,运用互联网技术,以企业微信为依托,创建评价系统,实现三维主体和三层评价的有机结合。该校通过校企合作设计开发了《融娃评价系统》连接学校、教师和学生。系统根据指标维度设置不同的板块,如灵活多变与健康力、智慧化身与好奇力、社会责任与合作力、自我管理与控制力、国际视野与领导力,进行综合性评价。班级中的每一位课任老师根据学生当天或学期的某一个阶段的具体表现,对学生进行有针对性的评价。此外,教师对学生的评价不仅限于学业成绩的评价,还注重五育并举,关切学生的整体发展。通过师生互评形成个性化行为数据,引导学生强化正向行为,加强自身约束力。与此同时,家长可以实时接收老师对学生的评价,进行反馈,以家校协同,共促学生身心健康全面发展。此外,对评价结果进行解读与反馈,及时向学生、教师和学校提供评价结果的反馈,引导批评与自我批评,有助于了解学生的学习情况和发展潜力,延展评价深度和广度。

(二)"课堂改革,评价先行"——伏牛路小学

伏牛路小学倡导"课堂改革,评价先行"的课程建设评价模式。该校倡导的雅实课程形态包括雅言、雅境、实作和实创四个方面。在全面综合评价学生的理念下,紧抓教育质量评价这个牛鼻子,以学校"雅实"教育理念为指引,从德、智、体、美、劳五个维度,提取核心要素,在全面评价的基础上,关注学生特点,将"五育"并举落到实处。如有针对学生"德育"的"品德发展评价",有针对"智育"的"学业水平评价",有针对"体育"的"身心健康评价",有针对"美育、劳动教育"的"兴趣特长评价",还有针对"学习兴趣"和"学业压力"的"学业负担评价",对学生的评价不仅重视评价结果,更重视评价过程对学生的促进作用,科学构建全程化、可视化的综合素质评价体系。

此外,对评价结果进行分析和解读,有助于了解学生的学习情况和发展潜力。通过比较不同学生、不同学科或不同年级的评价结果,发现问题和不足,提出改进和支持的措施。及时向学生、教师和学校提供评价结果的反馈,让他们了解自己的学习情况和改进方向。根据评价结果,开展持续的反思和改进,调整课程设计和教学方法,提高教学效果,增加学生的学习成果。

(三)"课程档案袋"展示性评价——锦绣小学

锦绣小学利用展示性评价的方式,引导学生自我反思。学校通过学生利用课程档案袋的方式培养学生的自我反思能力。首先让学生随意放档案袋,再通过指导教师对学生放入的作品提出一定的要求,如感受最深的一次采访,"我的新发现",让学生根据老师的要求有选择地放入一些作品,引导学生开始审视自己的作品;通过引导学生有选择地放作品以及教师在成长记录袋中设计一些小栏目(如收获园、新发现等),让学生根据小栏目自定目标、自设标准、自选形式、自组内容,逐步培养学生的反思能力和独立性。

总之,建立一个集确定评价目标、设计评价体系、确定评级标准、实施评价、分析评价结果和反馈改进机制在内的立体化评价体系,建立持续性的改进机制,不断调整和改进评价体系和方法,适应学校课程建设的不断发展和变化。通过建立一个立体化的学校课程建设评价体系,促进学生全面发展和个性化成长,提高教学效果和学生的学习成果。

三、坚持以核心素养引领评价建构

2014年教育部研制印发《关于全面深化课程改革落实立德树人根本任务的意见》,其中提出:"教育部将组织研究提出各学段学生发展核心素养体系,明确学生应具备的适应终身发展和社会发展需要的必备品格和关键能力。"在新课改的大环境下,评价方法的创新是基于核心素养的教育创新的重要保障。如果说课程是类似由心脏与其他脏器构成的实体存在,其中核心素养培育目标是其心脏,课程的内容、活动与影响是其机体,那么学校课程评价就是其中运输着的血液。心脏的跳动带领着血液的运输,核心素养以育人目标的形式赋予着学校课程以时代化的灵魂与内涵,为学校课程的持续、健康、快速发展提供硬核支持的同时,以不可逆转之势要求学校课程评价作出反映。如何搭建核心素养与课程评价间深度贯通的桥梁,则需要将核心素养有机融入多元化、立体化的学校课程评价之中,在评价建构中凸显核心素养的活力。

基于STS-BIP学校课程评价模式的基本指向,锦艺小学将学校育人目标与核心素养融入学校课程评价体系之中,以此明确提出学校统一的基础性评价(B)内容、个性化评价(I)内容以及过程性评价(P)内容,并开发相关评价指标量表。以基础性评价(B)指标为例,该校意在实现"健康生活、互助合作、博学慎思、审美创造"的育人理念。其中,"健康生活"是指要帮助孩子树立珍爱生命的意识、塑造健全的人格并让其学会自我管理;"互助合作"则是从社会参与的角度出发而提炼出的一项特定的核心素养,意在培养学生的人际沟通能力;"博学慎思"意在培养批判能力;"审美创造"是旨在培养一定的审美能力、创新意识和探究精神。基于此,开发学校课程评价指标体系,细化评价要点(见表7-3)。

表7-3 锦艺小学学校基础性课程评价(B)量表

评价主体	核心素养	评价维度	评价要点	评价要点	得分
学校	健康生活	珍爱生命	课程主题的选择、内容的安排和活动的设计能够达到以下促进核心素养生成的课程目标: 1.使孩子认识到生命的宝贵和重要性,珍惜、爱护自己仅有一次的生命	25	
		健全人格	2.及时关注孩子的身心发展情况,适时地给予引导、帮助与支持,使其能够健康地成长,沐浴阳光		
		自我管理	3.帮助孩子塑造健全的人格,拥有积极向上的生活态度和一颗热爱生活的心 4.锻炼孩子自我管理的能力,使其能够科学有效地管理自己的时间、情绪、饮食、思想等方面		
	互助合作	互助精神	课程主题的选择、内容的安排和活动的设计能够达到以下促进核心素养生成的课程目标: 1.在课堂上和活动中提倡互帮互助的精神,弘扬社会主义核心价值观,营造团结友爱的良好校园氛围 2.培养孩子的团队合作意识,使其可以在团队中发挥积极的作用并能够与别人合理分工、协同作战、相处融洽 3.培养、锻炼孩子与人交流、沟通的能力,使其能够在"求同存异、互惠互利"的基础上与别人进行良好的沟通并展开共赢的合作	25	

"课程是学校教育的核心任务",课程建设评价则是对课程可持续发展的维护剂与指向标。教育的核心不仅仅是让学生获得知识,一个更重要的目的是促进学生的全面发展。回归"促进和发展学生的核心素养"这一新世纪的教育目标,基于核心素养的STS-BIP学校课程建设评价有助于促进学生的全面发展和个性化成长,培养学生的实践能力和创新精神,适应未来社会和职业的需求。同时,也为教师、学校提供指导和支持,推动素养教育的生根发芽!

第八章　教师专业发展：核心素养为本的学校课程建设保障

教师专业发展是教育事业持续发展的关键所在,也是构建高质量教育体系的基础支撑。在新的技术革新的时代背景下,教师的角色不仅仅是传授知识,更重要的是引领学生掌握核心素养,具备终身学习的能力。因此,构建以核心素养为本的学校课程建设成为教育改革的当务之急。本章旨在分析教师作为学校课程建设的主力军,如何通过有效的教师专业发展机制,推动学校课程建设与核心素养培养相互促进、相互保障,进而实现教育质量有效提升,促进教师专业发展。

第一节　学校课程建设需要教师作为保障

美国历史学家亨利·亚当斯(Henry Adams)在其著作《历史之教训》中指出:"一个教师对于学生的影响是永恒的,他永远无法预测他的教导将会达到何种结果。"这一观点清晰地表明了教师对学生未来发展的重要作用。教师作为课程教学的实施者,在课程建设中扮演着关键的角色,他们的影响力是永恒的,超越了课堂和学生的当前阶段,延续至学生的整个人生。

一、学校课程建设中教师的主体作用

(一)教师是实施学校课程建设的主力军

1.古代教师的角色和使命

教师作为实施学校课程建设的主力军,在历史的长河中发挥着不可替代的作用。回顾过去,教师从知识传承者和文化守护者到课程实施主导者和教学创新者,其地位得到了不断提升,角色不断演变,在人才培养体系中起着重要作用。教师的使命是传道、授业、解惑,他们通过口传心授的传统教育方式,将智慧的火炬代代相传。

2.近代教育改革中教师角色的转变

在19世纪末20世纪初的教育改革中,教师开始在课程实施中扮演着重要的角色。例如,在美国的教育改革中,杜威等教育学家提出了以学生为中心的教育理念,强调教师应根据学生的需求和兴趣来设计教学活动,引导学生主动参与学习,这种理念使得教师在课程实施中的地位日益提升。教师的角色从课堂的讲解者演变为学习的引导者和支持者,他们不再是传统意义上的权威者,而是与学生共同成长的伙伴。在20世纪20年代,教师在美国被视为课程编制者,教师需要研制自己的计划和方法,选择并运用适当的教材,积极参与学校的课程设计,为受教育者编制课程。[1]教师的主观能动性和创造性开始在课程建设过程中发挥着关键作用,这也要求他们去深入了解学生的需求,设计和调整教学策略,以提供更有效的教学。

3.现代教育逐渐对教师主体性的关注

20世纪80年代初,国内外兴起了以促进学生主体精神和能力发展为目标的主体性教育运动。[2]这一运动最初关注的焦点是学生,强调学生的主体地位,旨在培养他们成为能够自主学习的能动者。随后,研究的重心

---

① 丹尼尔,劳雷尔.学校课程史[M].崔允漷,等,译.北京:教育科学出版社,2006:325.
② 贺慧敏.教师主体性研究综述与展望[J].教师教育研究,2019,31(01):107–112.

逐渐转向了教师,学界重新认识到了教师的专业作用的重要性,并开始强调教师的主体性地位,这种转变也反映了人们重新认识到教师是学校课程实施和建设中的重要角色。进入20世纪90年代,社会对教育发展的日益重视,对教师素养问题的关注逐步提高。与教师主体性相关的研究逐渐增多,涵盖教师的专业发展、教学方法、课程设计和学生参与等方面。[1]在这些研究的推动下,教师的教育能力和素养得到提升,进一步推动了课程建设和教育改革的进程。人们重新意识到教师的专业作用的重要性,教师的主体性得到了重视,要求教师积极发挥个人的主动性和创造性,以更好地进行教育教学工作。

可以看出,从古代的知识传承者,到现代的课程实施主导者和教学创新者,教师始终发挥着不可替代的作用。他们通过自己的专业能力和素养,引导学生的学习,促进学生的全面发展,为培养学生成人成才贡献着巨大的力量。

(二)教师主体性的概念与表现

1.教师主体性的概念

杨启亮以教师作为人的存在为基本前提,并以复杂性理论为基础,结合人的自然属性和社会属性的原则,阐述了教师主体性所具有的双重性特征,即个体主体价值和职业主体价值。他指出,教师主体性的终极关怀体现在追求真理、秉持善意和创造美好这三个方面。[2]郑宇红指出,教师主体性是存在于自我发展和教育实践中的,它是自主性、能动性和创造性的高度统一。教师主体性的品质特征包括目的明确、积极进取和大胆创新,最终实现的目标是教师个体的自我成熟和完善。[3]

综上所述,教师主体性指的是教师作为教育实践的主体,具备自主性、能动性和创造性的能力和特征。它强调教师在教学中的主动参与和自我

---

① 刘倩.中小学教师的主体性问题研究[D].武汉:华中师范大学,2017.

② 杨启亮.教师主体性与主体性教师素质[J].现代中小学教育,2000(7):47.

③ 郑宇红.论教师的主体性[D].济南:山东师范大学,2005.

发展,以及在教育过程中发挥自身的独立思考和判断作用。

2.教师主体性的表现

教师的主体性并不意味着忽视或削弱学生的主体性地位,而是强调教师应该拥有一种积极主动的态度,能够自觉能动地处理工作中的问题,积极发挥个体的主观能动性和创造性,以更好地促进学生主体性的发展。[①]

一是,自觉性。

教师应该对自己的教育使命和职责有清晰的认识,并主动承担起这些责任。他们应该自觉地关注学生的学习情况和成长发展,关注教学效果和学生的综合素养提升。教师应该时刻保持对教育教学工作的责任感和使命感,不断追求教育教学的卓越,为学生的成长和发展做出最大的努力。

二是,能动性。

教师应该具备积极主动的学习态度和自我反思能力,不断提升自身的专业知识和教学技能。他们应该主动研究教育教学理论和实践,积极探索适合学生的教学方法和策略。教师应该主动参与专业培训和教学研讨,不断更新教育观念,提高自己的教学水平。教师的能动性使他们能够灵活应对教育教学中的挑战和变化,为学生提供更优质的教育服务。

三是,自主性。

教师应该具备自主思考和决策的能力,能够在教育教学过程中独立地制定教学目标、教学内容和教学方法。他们应该能够根据学生的需求和特点,灵活调整教学策略,个性化地辅导和引导学生。教师的自主性使他们能够根据自身的专业素养和教学经验,自主地探索适合自己和学生的教育教学模式,提供更有效的教育服务。

(三)课程建设中专业教师的主体作用

教师作为教学过程中最为主导性的个体,在教育发展中扮演着极其重

---

① 刘倩.中小学教师的主体性问题研究[D].武汉:华中师范大学,2017.

要的角色。教师是学校课程建设的开发、创造和实施主体。教师不仅仅是国家课程的执行者,更是学校课程建设的开发主体、创造主体和实施主体。①专业教师在课程建设中的主体作用具体体现在以下几个方面:

1.教师是课程建设过程中的开发者

教师根据教育目标和学生的需求,研制教学大纲和教学计划,设计教学内容和活动,以确保课程的科学性和适应性。在这个过程中,教师会运用到自己的专业知识和教学经验,将抽象的课程标准转化为具体的教学内容和策略,为学生提供丰富、有挑战性和有意义的学习体验。

2.教师是课程建设中的创造者

教师是课程建设中的创造者,教师根据学生的个体差异和发展水平,通过不断探索和创新教学方法和教学资源、创设多样化的学习环境和活动、灵活调整教学策略等方式,从而满足学生多样化的学习需求和兴趣。

3.教师是课程建设中的主体

教师是课程实施的主体,承担着将课程理念转化为具体教学实践的责任。他们根据教学目标和学生的学习特点,研制具体的教学计划和课堂活动,引导学生积极参与学习,掌握知识和技能。不难看出,课程改革和建设的最终落脚点都是教师的教育教学实践。任何教育改革,没有教师的积极参与和支持是不可能取得成功的。②

二、学校课程建设中教师的课程领导作用

(一)教师课程领导力的概念

按照从小概念到大概念、一般性到特殊性的原则,教师课程领导力具体可以从领导力、课程领导力、教师课程领导力三个方面来理解和把握。

---

① 王永明,刘晓艳.关于学校课程建设主体的探讨[J].天津师范大学学报(基础教育版),2016(02):11-14.
② 刘冰,牛莉莉,张璐."课程思政"建设中专业教师的主体作用[J].纺织服装教育,2018(06):439-442.

1.领导力

目前,对于领导力的概念,国内外尚未达成统一的界定。加里·尤克尔(Gary Yukl)提出,领导者通过吸引人的愿景,激发追随者的努力,通过专业训练与教导,提高追随者的技能,实现领导者的目标。[1]美国学者约翰·加德纳(John Gardner)认为,领导力是领导者个人(或领导团队)通过说服或榜样作用,激励某个群体,为实现领导者自身以及追随者的共同目标而进行的过程。[2]我国学者童中贤认为,领导力是指在领导场中内生,并通过资源配置过程产生影响力的能力。[3]可以看出,领导力是一个复杂的概念,涉及领导者的能力、行为和影响力。领导力不仅仅是一个人的特质或职位,而是通过与他人互动和影响来实现共同目标的过程。

2.课程领导力

课程领导力理论的基础可以追溯到20世纪70年代,当时课程研究范式发生了重大变革。这一理论的核心观点是解放理性和课程创造,其本质在于教师作为教育领域的"局内人",在课程的构建和发展中对课程文本进行个性化的解读,以实现教师的精神与课程的意义的深度融合。[4]学者郑先俐和靳玉乐认为,课程领导力在课程权力共享和民主参与的基础上,引导相关组织和个体进行高层次的课程决策和自我管理,以实现提高教育品质和促进学习成效的最终目标。[5]裴涕娜认为,课程领导力指的是根据特定的办学定位和培养目标,进行学校课程的开发、建设和实施,以全面提升学校教育质量的能力。[6]

---

① 加里·尤克尔.组织领导学[M].陶文昭,译.北京:中国人民大学出版社,2004:3.

② 约翰·加德纳.论领导力[M].李养龙,译.北京:中信出版社,2007.

③ 童中贤.领导力:领导活动中最重要的功能性范畴[J].理论与改革,2002(04):95-97.

④ 张黎娜.新时代思政课教师课程领导力的实践转向[J].学校党建与思想教育,2023(09):77-79.

⑤ 郑先俐,靳玉乐.论课程领导与学校角色转变[J].河北师范大学学报(教育科学版),2004(3):99-103.

⑥ 丁锐,吕立杰.深化课程改革背景下学校课程领导力的提升——第二届基础教育课程改革与发展论坛综述[J].课程·教材·教法,2012(12):102-106.

3.教师课程领导力

教师课程领导力是指教师在课程设计、开发、实施和评价等方面展现的领导和引导能力。[①]教师的课程领导力是在学校的办学定位和育人目标的指引下,教师积极参与和分享课程决策的过程中发挥的一种影响力。教师通过引领或指导其他教师不断改进课程问题,推动教师的专业成长,提升学校的课程教学质量,以促进学生的学业成就。这种领导力还带来了教师赋权承责、合作共进和相互滋养的组织文化。[②]

(二)教师课程领导力的影响因素

1.内部制约因素

教师课程领导力的内部因素主要受个人能力与信念的影响,主要包括教师的专业知识与技能、教师的教学理念与信念、个人动机与自我效能等方面。首先,教师的专业知识和技能对于有效地开展课程领导至关重要。如果教师在教学方法、课程设计和评估等方面缺乏必要的知识和技能,可能难以发挥领导作用,限制了课程的质量和效果。其次,教师的教育理念和信念会影响他们对课程的设计和实施方式。例如,如果教师持有传统教育观念,重视传授知识而忽视学生参与和创新能力的培养,这将会限制其在课程领导方面的发展。

2.外部制约因素

教师课程领导力的外部制约因素主要包括管理体制和政策、学校文化和价值观、资源支持等方面。首先,旧有的管理体制和政策对教师课程领导力的发展存在限制。科层管理制度可能导致教师参与课程决策的能力受限,管理主体的权力集中可能阻碍教师的自主性和创新性。[③]其次,传统

---

① 赵菁.指向 C-STEAM 教育的教师课程领导力提升路径[J].幼儿教育研究,2023 (03):43-45.

② 王淑芬.教师课程领导力研究框架探析[J].社会科学战线,2020(11):274-280.

③ 宋佳音.教师课程领导力研究进展述评及现实启示[J].中小学班主任,2022(08): 26-30.

学校文化中的某些价值观和行为模式可能与教师课程领导力的发展不相适应。功利性评价体系、竞争导向的文化氛围等因素会削弱教师对课程参与和创新的动力。最后，学校提供的资源支持也会影响教师课程领导力的发展。缺乏充足的时间、培训机会、技术设施和教学材料等资源都会限制教师在课程设计、开发和实施方面的能力和自信心。除此之外，国家政策、改革动力、社会文化等外部因素也会对教师课程领导力的发展产生重要影响。

(三)教师课程领导力作用

1.教师的课程领导力能有效落实课程改革目标

在全球、国家和地方层面，教师代表的参与可以确保课程改革能够充分考虑实际需求和教育现实，从而减少转化过程中的落差。教师作为教育现场的实践者，能够提供宝贵的经验和专业知识，为课程转化提供实际操作的指导和建议。[①]

在学校层面，教师更是课程转化的关键角色。他们深入了解学生的特点和学校的背景，能够将课程目标与实际情况相结合，制定适合学校的课程方案。教师的参与不仅能够缩小学校与其他层级之间的课程转化落差，还能够提供实践经验和教育创新的动力，推动课程改革的顺利进行，确保课程目标得到有效落实。

2.教师的课程领导力能有效促进教师专业发展

教师课程领导力的发展能够推动教师的专业发展，是实现教师专业发展的一种有效途径。[②]通过提升教师的课程领导力，教师能够在课程设计、实施和评价等方面展现出更高水平的能力和创新思维。教师课程领导力的发展使教师能够更好地理解和应用课程理论，根据学生的需求和特点进行个性化的教学设计，并运用多种教学策略和评估方法来提高学生的学习

---

① 李臣之.校本转化中教师课程领导[J].课程·教材·教法,2014,34(08):79-85.
② 李星.教师课程领导:教师专业发展的重要路径[J].现代中小学教育,2010(8):46-48.

成果。此外,教师课程领导力的发展也鼓励教师主动参与专业学习和教学研究,与同行进行合作和交流,不断提升自身的教育专业素养和教学能力。

3.教师的课程领导力能有效促进学生全面发展

教师的课程领导力对学生的全面发展具有显著的促进作用。具备课程领导力的教师能够根据学生的不同发展需要和特点,设计和开发具有挑战性和启发性的课程,从而增强学生参与课程与活动的兴趣与动力,提高课程的实施与效果。[①]通过深入了解学生的个性、学习风格和兴趣爱好,教师能够有针对性地设计课程,激发学生的学习热情。教师还会创造积极的学习环境,与学生建立良好关系,营造相互尊重和信任的氛围,并通过及时的课程反思和调整来优化教学策略,为学生提供个性化的支持和指导,促进他们的全面发展。

三、学校课程建设中促进教师专业发展的可能路径

(一)赋予教师课程领导权,在课程建设中促进教师专业发展

教师作为课程教学的关键参与者,其专业知识和经验使其能够深入了解学生的学习需求和特点。通过赋予教师课程领导权,他们能够更好地确保课程与学生的实际需求相贴合,从而提高学习成效。[②]在教学实践中,教师赋权增能需要教师进行三种形式的对话:一是借助与文本和实践的对话,全面提升专业能力;二是借助与自我的对话,不断自我反思;三是借助与他者的对话,倡导同伴互助和专家引领。[③]通过赋予教师更多的权和责任,教师能够培养出对自己能力的坚定信心,并致力于提升自身的专业知识和创新思维,不断完善自己的素养,提高教学水平。在教育改革的浪潮

---

①赵菁.指向 C–STEAM 教育的教师课程领导力提升路径[J].幼儿教育研究,2023(03):43–45.

② 王熙.新课改背景下的教师课程领导力研究[D].曲阜:曲阜师范大学,2015.

③ 胡洁雯,李文梅.赋权增能:教师专业发展的新视角[J].中国矿业大学学报(社会科学版),2011,13(02):95–99.

中,教师赋权增能成为唤醒教师专业发展的关键所在。

(二)引导教师积极参与研究,在行动研究中促进教师专业发展

学界普遍认为,教师主体性的深化可以通过课程行动研究来实现,从而使教师成为真正的研究者。在课程行动研究的过程中,教师以研究者的角色全情投入课程情境,审视现有的课程理论和实践问题,积极构思、设计和实施新的实践方案。同时,教师持续反思和总结课程实践的成败得失,不断改进和优化课程行为,这样的过程提升了教师的课程主体意识和能力。[①]课程行动研究为教师提供了一个宝贵的机会,使他们能够主动参与课程设计和实施的过程中。他们能够自主思考,并提出创新的改进方案,从而增强对课程的主动性和创造性。通过课程行动研究,教师的专业发展得到了提升,他们能够更好地适应教育改革和发展的需要。教师通过研究自身的教学实践,不断完善和提高自己的教学水平,以更好地满足学生的学习需求。

(三)积极构建学习型组织,在团队协作中促进教师专业发展

学习型组织的构建对教师的专业发展起着十分重要的作用。它为教师提供了一个开放、支持性和激励性的交流平台,鼓励教师进行教学探索和反思。在学习型组织中,教师们可以借助团队合作的力量,互相交流经验、分享教学资源和最佳实践。这种合作可以激发创新思维和教学方法的探索,帮助教师拓宽教学视野,提高教学效果。对学校而言,建立学习型组织是一种有效方式,可以促进教师的专业发展,同时也是推动义务教育实现高质量发展的重要途径。[②]通过建立学习型组织,学校可以营造一个积极的学习环境,激发教师的学习动力和求知欲。此外,学习型组织鼓励教师进行持续的专业学习和反思实践,帮助他们不断更新教育理念、掌握最

---

① 孙平.课程实施中的教师主体性及其发展研究[D].武汉:华中科技大学,2007.
② 袁爱兰.学习型组织:促进教师专业发展的有效途径[J].湖南教育(A版),2023(05):
　　50-51.

新的教学方法和技能，以更好地适应教育变革和学生需求的变化。

第二节　课程行动研究为本的教师专业发展

自2001年我国教育部颁布《基础教育课程改革纲要（试行）》以来，学校课程改革便不断深入，学校优质化及现代化建设的需求也使得人们越来越重视基础教育改革下学校课程体系的建构。[①] 当前，新课程改革已经逐步向以课程建设为核心的学校整体推进。虽然以学校为本的教师专业发展仍面临一些困境和问题，但我国中小学学校仍在加大力度推进以核心素养为基础的学校课程建设。

一、当前学校为本教师专业发展的困境与问题

（一）课程建设脱离教师专业发展

在学校课程开发实施中，学生的个性发展是目标，教师的专业发展是条件，学校的特色形成是结果。[②]教师作为学校课程建设的支持者、践行者和研究者，理应成为学校课程建设的主力军。然而，在实践中，现行的学校课程建设实行的是自上而下的课程建设机制，起主导作用的是以校长为中心的学校管理者。许多学校的课程建设是这样实施的：学校相关部门认为需要建设学校课程，就提出课程建设的要求，然后由相关责任人起草初稿，通过一定范围的讨论和征求意见之后，对初稿做出适当的修改，最后经学校领导同意通过并颁布实施。这种课程建设只为满足当下学校课程活动的需要，缺乏民主性，作为课程建设执行者的教师参与积极性不高，使得学校课程建设的效果大打折扣。

① 袁樱，刘玉崇.基于核心素养的小学校本课程开发现状调查研究[J].新课程教学(电子版),2021(06):5-6.
② 陈多灵.同心协力,努力探索学校课程建设的新途径[J].吉林教育,2015(19):41。

(二)教师专业发展脱离学校情境

学校课程建设过程就是教师开展专业实践、提升教育智慧、发展专业意识与专业立场的过程,所以学校课程建设既依托于教师的专业能力,又为教师的专业发展提供了基本的场域和机会。

然而,我国教师深受认知取向课程价值观的影响,[1]尤其是在应试和升学率压力的胁迫下,教师在教学实践中更易倾向于知识讲授,而教师专业发展则倾向于研究如何提高知识讲授的效率,以外在的教师培训和标准的遵循为教师专业发展的途径,将任何专业化形式定位于教师个人的学科技能,将教师角色限制为课堂能力层面。[2]

为促进学校课程建设离不开教师专业发展,而现有的教师专业发展已呈现出技术兴趣、效率取向和理性崇拜的趋向,容易将教师带入偏狭、畸形和片面发展的困境。[3]

二、学校为本教师专业发展的可能路径

教师专业发展是指教师作为专业人员,在专业思想、专业知识、专业能力等方面不断完善的过程,即由一个专业新手发展成为专家型教师的过程。素质教育的有效推进,对教师的知识素养、行为方式、教育观念以及教育能力都有了较高的要求。现如今,我国教师专业发展主要通过三种形式展开:政策驱动、学历提升、校本培训。它们在一定程度上满足了教师专业发展的诉求和需要。

在多种培训方式之中,关注提升教师教育研究能力的课程行动研究逐渐受到更多的关注,原因在于新课程改革呼唤教师自主权和课程权力意

---

[1] 罗生全,靳玉乐.中小学教师课程价值取向调查研究[J].教育研究,2013(4):89-96.

[2] 陈效飞,任春华,郝志军.论行动研究促进教师专业发展的机制——基于哲学解释学的视角[J].教师教育研究,2018,30(04):12-17.

[3] 陈效飞,任春华,郝志军.论行动研究促进教师专业发展的机制——基于哲学解释学的视角[J].教师教育研究,2018,30(04):12-17.

识,教师要由课程局外人的角色转变为课程的参与者和决策者。课程行动研究促进教师专业发展旨在通过将理论和实践联通、行动和反思融合,生成具有特定情境效应的实践性知识,指导教师日常的课程与教学生活。[1]

总之,教师专业发展有助于教师正确把握新课程理念,有助于教师将知识和理念顺利地传授给学生,而在新课程改革背景下,课程行动研究是促进教师专业发展的有力途径。

立足于新课程改革背景,研究课程行动,探索其促进教师专业发展的内涵、机制与策略,有助于转变教师观念,提升教师教学科研能力,增强教师的问题意识。

(一)课程行动研究的概念与价值

1.概念界定

著名课程研究专家麦克纳在《课程行动研究》一书中强调:"行动研究是运用科学方法进行的严格、系统的反省探究;参与者是这种批判反省过程和结果的所有者。"[2]教育行动研究学家凯米斯认为,课程行动研究是通过研究、改进、变革课程教学实践,并从改进、变革的结果中获取知识、经验,从而提高课程教学质量的一种方法。[3]国内学者指出,课程行动研究是由课程教学情境的参与者为提高自己对课程实践活动及其依赖的背景的理解进行的反省研究。[4]概而言之,课程行动研究可以界定为:为解决课程教学情境遇到的实际问题,包括教师在内的研究者共同探索问题性质、背景原因,寻求解决方案,并将方案付诸课程实践以检验并改进的研究与行动合一的方法。

---

[1] 陈效飞,任春华,郝志军.论行动研究促进教师专业发展的机制——基于哲学解释学的视角[J].教师教育研究,2018,30(04):12-17.

[2] Mckernan.J.Curriculum Action Research.Kogan Page[M].1997:5.

[3] Keeves, J.P.Educational Research. Methodology , and Mea - surement: an International Handbook.Pergamon[M].1997:175.

[4] 汪霞.课程行动研究:理念、基础和需要[J].教育科学,2001(03):9-12.

2.历史脉络

1946 年,德国社会心理学家勒温(Kurt Lewin)在其《行动研究与少数民族问题》中提出:"没有无行动的研究,也没有无研究的行动。"[①] 强调行动与研究间的密切关系,正式提出了"行动研究"的概念、功能和操作模式。

20世纪 60 年代末和 70 年代初,课程行动研究在英国、澳大利亚等国开始受到重视,斯滕豪斯明确地提出,"教师应该成为研究人员"[②],这对课程行动研究具有深远影响。

20世纪 80 年代以后,各国开始加大教育研究和教育改革的力度。在这种历史背景下,鼓励人们从实际问题出发、协作探究、解决实际问题并形成理论的行动研究,成为教育研究者和教育实践工作者一致的选择。越来越多的教育理论工作者和教育实践工作者开始支持课程行动研究,在教育机构、教育研究机构的资助下,课程行动研究逐渐成为教育发展中的新动向。

3.价值意义

美国学者麦克纳写道:"(课程)行动研究,作为一场教师—研究者运动,直接就是一种使我们认识到实践者可以成为课程的生产者和课程研究的消费者的方法论;它是一种实践,其中,消除了被研究的实践和研究实践的过程之间的差异,意即,教学不仅仅是一种行动,研究渗入了其中。"[③]

20世纪 90 年代以来,课程行动研究作为教师专业发展的主要手段之一盛行于世界各国的教师教育改革运动。课程行动研究成为一种重要的课程研究方法,它把课程理论与课程实践、课程研究结果与课程实施中的课程改善以及课程研究者和学习者与教师紧密联系起来,从而极大地促进课程改革的进程。

至今,课程行动研究已为更多的教育工作者所认识,作为一种研究方

---

① 陈立.行动研究[J].外国心理学.1984(3):2-5.

② McNiff.J.Action Research:Principles and Practice.Macmil- lan Education [M],1988:25.

③ Mckernan.J.Curriculum Action Research.Kogan Page [M].1997:5.

法,其规定性和方法技术也在广大研究人员和教师的运用中日益丰富、明确、严谨。①

(二)课程行动研究促进教师专业发展的机制分析

课程行动研究如何促进教师专业发展,其促进的关键在于合乎"何种准则",我们可以结合行动研究的理论逻辑、技术逻辑以及教师发展的行动逻辑来作出回答。

1."合理"——课程行动研究的理论逻辑

课程行动研究的"合理"意味着要合乎行动研究的普遍法则和运用规范,表现为:"通过将理论和实践联通、行动和反思融合,生成具有特定情境效应的实践性知识,指导教师日常的课程与教学生活。"②

"合理"的课程行动研究,其理论逻辑主要包含三个维度。

一是,合乎"角色重构"之理。

美国课程教学专家麦克纳提出"教师成为研究者"。既然参与者本身适合研究紧迫的专业问题,那么作为教育实践者的教师就应该从事课程研究,以便提高自己的教学技能,改进课程教学实践。据此进行的研究实际就是一种自我批判的方式。③通过课程行动研究,教师一方面能够重新审视自身在教学中的角色和地位,直面自身应对问题的不足和缺点;另一方面,基于研究者和行动者的双重身份,教师能够意识到,在进行教学活动的同时开展卓有成效的科学研究可以有效提升课堂教学的实施效果,进而提升自身的专业发展能力。

二是,合乎"教育境况"之理。

合乎"教育境况"之理,即基于具体的教育情境,关照其所蕴含的可能形态与现实形态之间的复杂关系。人的行为在很大程度上受行为赖以产

① 汪霞.课程行动研究:理念、基础和需要[J].教育科学,2001(03):9-12.

② 陈效飞,任春华,郝志军.论行动研究促进教师专业发展的机制——基于哲学解释学的视角[J].教师教育研究,2018,30(04):12-17.

③ Mckernan.J.Curriculum Action Research.Kogan Page[M].1997:5.

生的环境的影响。课程教学实践的研究需在教学现场或情境中,由课程实践者或在合作小队的协助之下进行。因此,研究者在真实教育教学情境中发现问题、提出解决方案、继续深化改进,符合"教育境况"之理。

三是,合乎"实践至上"之理。

通过课程行动研究,教师可以直面教学活动中出现的问题,进而以问题为导向,思考解决问题的方法和途径,通过不断反思来验证方法的可行性,进入周而复始的研究循环,直至解决问题。教师的实践性知识来源于课堂实践,教师将自己的专业知识、教学经验甚至生活经历融入解决问题的思路和方法中去,逐渐积累并内化成为具有教师独特个性的实践知识。

因此,"合理"的课程行动研究体现的是一种正当原则,是评判行动正当与否、对错与否、合规与否的当然之则。

2."合事"——课程行动研究的技术逻辑

课程行动研究的"合事"意味着要合乎课程教学过程的实际状况、真实形态与现实处境,表现为从过程层面关照具体的教学境遇、问题困惑与反省探究。

"合事"的课程行动研究,其技术逻辑主要包含三个维度:

首先,合乎"本然存在"之事,即教师需要对课程教学的本质进行思考,找寻自身发展的根基与归宿;其次,合乎"实然存在"之事,即教师需要对课程教学境遇有清晰的认知,明确制约自身发展的问题困惑、冲突矛盾与可能方向;最后,合乎"应然存在"之事,即教师需要基于已有的经验、知识与智慧,寻求解决方案,并将方案付诸课程实践以检验并改进。

"合事"的课程行动研究体现为一种有效原则,是判断课程教学的效果如何、作用大小、改善与否的实然之则。

3."合情"——教师发展的行动逻辑

课程行动研究的"合情"意味着合乎教师专业发展的内在情感和价值取向,表现为从价值层面关照教师的教育信仰和发展需求。

"合情"的课程行动研究,其行动逻辑主要包含三个维度:

首先,合乎"人之情",表现为课程行动研究需要关注教师的内在心理机制。在课程行动研究中,教师既要作为行动者,展开课程教学,又要担任研究者,对出现的问题进行反省探究,这两种身份所带来的内在情感和价值取向是不同的,由此可以更好地关涉行动者与研究者的教育情感关系,使两者互相包容理解,在行动中促进研究,在研究中促进行动。

其次,合乎"物之情",即教师要契合行动研究的使用限度,合乎研究的自然本性,研尽其用。

最后,合乎"事之情",即教师需要体察教育发展脉络中的情意内涵,对教育事件"意味着什么"进行深度挖掘,明确"应当做什么"和"应当如何做"。

"合情"的课程行动研究体现为一种"情感原则",是评判内在情感和价值取向的价值之则。

三、课程行动研究促进教师专业发展的内涵特征

(一)内涵

课程行动研究作为"由行动者""在行动中""通过行动"与"为了行动"的研究方法论,具有"技术之思""行动之思""价值之思"的三重属性,[①]是课程行动研究促进教师专业发展理论"落地生根"的基本内涵。

1.技术之思

麦克纳于1991年概括了课程行动研究的三个基本原理。[②]首先,"教师作为研究者",他认为经历真实情境的人是最好研究与探索的人,教师是课程研究的主体之一。其次,"自然主义观和实践观",他认为人类行为深受所发生真实情境的影响,行为是情境中的行为。最后,"场地研究和质的方法论的优先性","场地研究"寻求了解和描述,而不是结果的测量和预测,"质"的研究强调参与观察者主观的感受、对环境的叙述和个人主观的

① 李栋.人工智能时代的教师发展:特质定位与行动哲学[J].电化教育研究,2020,41(12):5-11.

② Mckernan.J.Curriculum Action Research.Kogan Page [M].1997:5.

价值,并设身处地地诠释所看到的现象。

2.行动之思

课程行动研究的实践情怀决定了它要在实践中、在行动现场中进行。首先,研究的问题源自教师课程教学工作中所发生的实际问题。其次,教师和研究者通过课程行动研究在改进课程实施的同时,也发展了相关知识,重视理论与实践结合。再次,研究强调"行动—研究—行动"这一循环过程。最后,课程行动研究强调教师运用已有知识对自身教学实践进行反思,实践性知识与反思精神对教师的专业发展具有决定性的作用。

3.价值之思

课程行动研究指导教师与研究者合作工作,相互学习,一起成长。教师与研究者共同参与课程实施之行动研究,一方面可以培养合作情感,有助于理论与实践间的沟通和互动;另一方面双方在课程行动研究的整个过程中,也能互相督促,相互取长补短,共同提高专业素质。

(二)特征

课程行动研究不同于其他研究之处在于:一是课程行动研究主要由教师操作,二是课程行动研究重视实践性,三是课程行动研究提升了教师即研究者的理念,四是课程行动研究是参与者进行的反思性研究。所以,其基本的特征应该表现在以下几个方面:

1.德行合一,教师主体的凸显

在课程行动研究的过程之中,教师以行动者和研究者的身份参与策划整个研究过程并且在实际教学中付诸行动。无论是教师个人单独进行的研究、学校范围内若干教师的合作研究,还是理论研究者与教师的合作研究,任何课程行动研究的项目都是基于参与者的专业实践和民主法则的责任。不论教师或其他研究者提出什么研究课题,其动机都是对课程实践的社会结果的关注。这种道德责任感出于关心包括个人的全面发展在内的广泛的社会成员的利益。

2.辩证反思,教师研究的更迭

课程行动研究的主要运行方式是:教师实施新课程,即行动;教师与研究者一起研究出现的问题并制定出改进方案,即研究;教师在课程实施中实施改进方案,即行动;而方案在被评价之后反映出来的问题又成为下一步研究的对象,于是行动研究继续下一个轮回。就这样,课程实施之行动研究的运行循环形成。其间以教师和研究者的反思作为中介。

3.兼容并包,教师思维的融合

课程行动研究的兼容性表现在它并不排斥其他研究方法,相反可以吸收借鉴其他研究方法,不断提高教育科学研究的层次。教育科研方法中的调查法、经验总结法等都可以在课程行动研究中加以应用。随着教师科研水平的提高,科学研究中的定量研究和定性研究等都可以采用。当前,为了破除对教育科研的神秘感,应当提倡老师们由易到难,首先采取简便的方式进行研究。

4.理性思考,教师经验的整合

从教师产生反思自己的课程行为的意识,到对自身工作经验的回顾与反思中发现课题,进而界定问题,探求解决问题的策略,形成解决方案以及将方案实施和总结,整个课程行动研究过程无一不是在教师已有的实践经验的支持下进行的。课程行动研究能够充分尊重和吸纳教师已有的教育经验,唤起教师研究教育问题的兴趣,鼓舞教师长期从事教育研究。

四、课程行动研究促进教师专业发展的实施策略

课程行动研究促进教师专业发展在实施过程中主要采用了三个策略:一是校本教研活动,二是校本读书会,三是课程文本输出。教师通过这三方面的实践路径,参与课程行动研究并以此提升专业发展,最后促进核心素养为本的学校特色文化课程建设。

(一)主题式培训——校本教研活动

学校的特色文化建设和课程建设应该是同一枚硬币的两面,应该基于

育人目标加以整体建构。①课程行动研究为本的校本教研活动是基于学校特色文化的主题式培训,主要包含以下三种活动形式:专题研讨、课例研究、教学反思。

1.专题研讨——学校特色文化提炼

课程行动研究视阈下,教师通过相应的专题研讨,可以形成自身教学的反思实践循环思路。各个学校成立课程微团队,展开专题研讨,基于师生行为和价值认同,从广大师生日常行为和文化爱好之中,从中华民族优秀传统文化中,提炼最核心的元素,逐步形成相应的学校文化特色。

2.课例研究——学校特色课程建构

课例研究是对传统的公开课制度的延续和改造。②不同于一般公开课的流程:备课、上课、听课、评课。课例研究注重教师的专业引领,强调将备课环节变成教学设计,并且在课后及时反思,在课程行动研究视阈下超越传统公开课制度,进而促进教学变革。教师在熟悉学校特色文化理念的前提之下,展开教学改革,通过课例教学研究,让自己的课堂具备示范特色,逐步实现学校特色课程建构目标。

3.教学反思——学校特色品牌凝练

教学反思是指教师对自己的教学行为或认识所进行的分析。它是校本教研最基本的活动形式,是教师专业发展的核心要素。③特色文化品牌学校是指在特色文化体现的核心价值观引领下,运用一些物化语言或符号化语言来引领学校的价值追求,更好地为社会主义建设培养人才,并逐步发展为学校的办学特色。④

课程行动研究注重反思的价值,教师通过不断反思形成一定的教育理

---

① 殷峰.学校特色文化与课程整体建构的思考和实践[J].华人时刊(校长),2021(11):30-31.

② 刘良华,谢雅婷.校本教研在中国的演进[J].全球教育展望,2021(11):3-14.

③ 王全乐,李世新.校本教研活动形式综述[J].中小学管理,2008(07):31-32.

④ 殷峰.学校特色文化与课程整体建构的思考和实践[J].华人时刊(校长),2021(11):30-31.

念，并根据学校课程质量评估，不断改进，形成更加完善的教学特色课程。从一系列特色课程的开发，建设特色学校并逐步凝练特色文化品牌。

(二)参与式培训——校本读书会

校本读书会是一种有利于推动教师主动学习的模式，是以教师的自愿、自主为基础，运用各种资源以阅读、讨论、思考、分享以及深度对话等团体学习方式，以定期或不定期聚集为形式开展活动，从而促进教师专业发展的"校本教师教育"活动。[①]

在核心素养为本的学校课程建设中，教师首先应该阅读课程论、教育原理等教育专业方面的书籍，掌握相应的教育教学原理和技术；其次阅读学校课程建设相关的核心素养方面的书籍。

与传统教师培训方式相比，校本读书会体现了非正规的终身教育及成人学习理论的特点，体现了教师在专业化过程中的主体地位，有助于引发教师专业化的能动性，促进教师整合经验形成个体化的教学理论，形成高水平的实践性知识，因而是教师自主专业发展的有效途径。

(三)自主式培训——课程文本输出

每位教师都是一个独立的个体，有着各自的优点和长处，他们既是参培者，也是培训者。课程行动研究是以教师为主的反思性研究，针对的也是教师个人遇到的问题并对之做出解答，如何将个人的思考推广至大众，这就需要将其以文字形式输出。专著论文一般是在探索、思考、研究事物的本质规律的前提下写出的，并非主观臆断。[②]教师作为课程行动研究的行动者兼研究者，正契合这一观点。

在开展核心素养为本的学校特色课程建设之中，不同的学校根据自身特色课程体系建设心得，教师和教研团队整合实践心得，最终出版相应的

---

① 杨伟明.校本读书会引领的教师专业发展模式研究[J].现代中小学教育,2012(08):70-72.

② 梁丰年.教师著书立说的辩证思考[J].文教资料,2013(08):35-36.

成果,将实践所得经验转变成理论,让其辐射更远,影响更深。如淮河路小学的《沁润教育——基于学生核心素养的"沁润课程"体系建设》、郑州市实验小学的《做好爱的教育——基于学生核心素养"爱LOVE"课程体系建设》、六十九中学的《璞玉日琢 洞彻幸福——基于学生核心素养的"幸福课程"体系建设》等系列专著的出版,既是对课程行动研究的进一步深化,也是对教师自身专业发展的一大助推。

总之,教师专业发展与课程行动研究相联系,使得教师在教学和研究中探寻自我发展的意义。概言之,教师专业发展的内涵可以在课程行动研究视野下得到重新解读。课程行动研究以其强烈的实践性、兼容性的反思探究方式,关注着教师专业发展的转型时刻,不仅强调教师教学实践具体问题的解决,更重视教师当下和未来的发展。课程行动研究促进教师专业发展,遵循"合理""合情""合事"三重机制,体现了技术、行动、价值三方面的内涵,突出教师的主体地位、反思研究、实践性思考和开放性思维的特点,提倡"主题式""参与式""自主式"培训模式,从而对我国新时期的教师专业发展实践有着重要启示。

第三节　学校课程建设为本的教师专业发展成效

长期以来,我国教师的专业成长一直受到传统客观主义认识论的影响,局限于理论性知识的发展取向,而传统的教师培训也与中小学的教学与教育实践相脱离。因此,有学者提出了"回归实践"的理念,倡导教师专业发展学校的建设应以实践为基础展开。[①]只有通过学校教学实践,教师的专业素质才能得到发展。教师是校本课程开发中的主力军,处于核心地位。校本课程开发的过程也是教师专业发展的过程。因此,学校课程建设是手段,促进教师专业发展是目的。近年来,笔者致力于帮助各个学校进

---

① 李介.我国教师专业发展学校的成效及反思[J].当代教师教育,2013(01):37-40.

行课程诊断、开发与建设，亲眼见证了许多教师的全方位成长，主要表现在以下几个方面。

一、教师知识结构的完善

（一）教师校本开发知识的完善

教师真正的专业成长不只是在于职前培训或脱产学习，更关键的是在其任职学习的教育教学实践中进行的。校本课程开发是通过学校的教学实践来进行的。在这一过程中，教师的参与是至关重要的，从课程目标的拟定、课程标准的制定、课程材料的选择和组织，到课程的实施与评价等一系列活动都需要教师的参与和贡献。①为了能够有效地参与校本课程开发，教师不得不认真学习一些课程理论，阅读大量的相关资料，以完善自己的知识结构。通过学习和掌握科学的课程理论，教师能够在实践中用理论指导自己的工作，从而提高教学质量和效果。这也必然导致教师知识结构的重组，以构建一个更为合理和系统的知识结构。淮河路小学的某教师在其叙事日志中表示："在无数个每周四下午'相约'中，我们汇报各团队和章节进度，梳理开发、实施、编写过程中存在的困惑和疑问，在交流分析中求解困惑。我们每个团队还会把一些具有典型意义的、有探讨研究价值的问题进行归类、分析、综合，从而有目的、有计划地进行下一步的研究、编写。我们会在课后以及寒暑假中进行集中的理论学习和集体研讨，在与左教授的一次次交流互动中，学习新的理论，拓展有针对性地阅读相关的教育专著、专业理论书籍，以站在更高的层面来审视我们特色课程研究。在我们润体课程团队，每个阶段的尾声，我们课程实施的教师会和学生们一起展示成果。通过教师自我感悟中获得发展，还能激发青年教师教学创新的内在动力，促进专业发展共同体之间互相合作、切磋交流，不同个体的知识与能力在探讨、分享中得以提升。"可见，教师的专业知识与技能的增长，是在

---

①金燕.开发校本课程促进教师专业发展的研究[D].南京：南京师范大学,2008.

校本课程的开发的建设中得到完善与提升。在学校为本的课程开发与建设的过程中,教师从最初对课程开发的模糊认识,经过专家引领,结合学校文化和育人目标,认真学习现代教育理论和新课程开发相关内容,依托微团队,开展头脑风暴和思维碰撞,大家把自学与培训、研讨与实验有机结合起来,提高了对课程的理性认识,也学会了更多的教育科学研究的正确方法,并能逐步用新课程的教育教学理论来指导自己的课改中的实践活动,提高工作的针对性。在校本课程开发中,教师逐渐重视科研创新、知识重构、观念革新,保持了勇猛精进的状态,并不断地成长。

(二)教师跨学科知识的完善

技术信息时代,学生应该具备更广泛的核心能力,如创新思维能力、批判性思维能力、沟通协作能力、问题解决能力等关键能力以应对时代发展的要求,同时,要坚守教育的育人初心和使命,传递人文性价值,引导学生关心社会。跨学科知识则强调打破学科之间界限,强化学科间的内在联系,以提高学生的整合思维、批判思维及创造思维能力,从而能够综合运用知识去解决生活中的实际问题。因此,教师具备跨学科教学的知识与能力对学生的发展至关重要。校本课程开发通常要求教师跨学科合作和整合不同学科领域的知识。教师需要将各学科的概念、理论和方法融入课程设计中,以满足学生的综合学习需求。这使得教师不仅需要熟悉自己所教学科的知识,还需要了解其他学科领域的相关内容,从而提升了教师跨学科知识。如实验小学的"爱水郑州"主题跨学科课程教学中,选取了语文、数学、科学、美术和道德与法治科目的教师共同参与。为了方便教师的教学,在课程整合之后,我们会列出每一学科教师的教学内容、课时、上课顺序等信息,形成教学设计表。各科教师在实施教学时关注到了各学科教学所涉及的知识点之间的联系。教师提供了必要的学习指导和任务驱动,支持学生开展有效学习。比如要深入了解郑州水域需要获取的信息,教师没有直接告诉学生,而是通过出示各种资料卡片,让学生自主提取信息,分析和归纳出要调查的内容,总结出郑州水域调查记录表。学生经常会用到探究学习、合作学习、体验学习等方法,比如课上学生以小组研讨的方式进行交流,课下小组继续进行实地考察搜集资料等,这改进了学生原有的学习方式,促进了学生深度学习,也丰富了教师的跨学科教学知识与能力(见表8-1)。

表8-1　"爱水郑州"课程设置

学习主题	学习活动	学科整合	课程内容
爱水郑州	郑州河流知多少	科学	了解河流所处的地理位置、流经区域、周边景观和建筑
		语文	通过探究体会河流对我市人们的影响和作用
	历史中的这里	语文	介绍河流以前的样貌和发生的相关历史事件
		美术	绘画河流现在的景色,创作河流景观画作
	拯救绿色郑州	科学	了解河流污染的治理方法,利用沉淀、过滤等科学实验操作尝试对污水进行水质净化
		道德与法治	了解水污染的坏处,树立保护水资源的意识
	这方水土我保护	数学	调查自家一个月用水量,思考生活中节约用水的方法
		语文	书写保护水资源的倡议书,制作宣传标语

二、教师价值观念的转变

课程发展与教师发展是相互促进、相互补充的关系。一方面,教师作为课程开发中的中流砥柱可以源源不断地为课程开发创造动力来源。另一方面,课程开发可以为教师打造一个施展自身才华与能力的舞台,教师在课程开发中充分运用可以利用的资源与条件实现自身专业成长。其中,教师专业成长的关键之处体现在教师观念的转变。教师的教育观念是指教师在教育教学过程中形成的对相关教育现象的认知和理解,特别是对自身的教学能力以及所教学生的主体性认识。[1]在学校课程的开发与建设的过程中,教师观念的转变是体现在教师对教育目标、教学方式和学生发展的认知和理解发生积极的改变。这种转变直接影响着课程的设计、实施和评估,对教学质量和学生学习效果产生深远的影响。

---

[1] 刘丽群.教师的教育观念是如何转变的——兼论教师培训的应然取向[J].教育科学研究,2007(04):54-57.

(一)教学观念的转变

在校本课程中,教师的教学观发生了巨大的转变。以往的教学观念常倾向于单向传授和内容导向,教师在教学过程中主导着一切,而学生则只是被动地接受知识。然而,在校本课程的实践中,教师逐渐认识到学生是学习的主体,应该成为教学的中心。因此,教师的教学观开始转向以学生为中心。教师积极转变传统的灌输式教学行为,而成为知识建构的组织者、引领者和促进者。在课堂中,教师更注重激发学生的自主学习意识,倡导学生合作、探究和自主解决问题的学习方式。他们鼓励学生积极参与课堂讨论和互动,从而激发学生主动学习的动力和兴趣。教师由知识的权威转变为创新性思维的启迪者。在与学生的交流互动时,教师设身处地为学生着想,循循善诱,启发引导,因材施教。他们注重培养学生的独立思考能力和创新意识,让学生敞开心扉,调动学生学习的积极性,提高学生学习效率,激发学生的上进心和学习兴趣。

这种学生为本的教学观使得教师与学生之间建立了和谐、民主、平等、融洽的新型师生关系。教师尊重学生的个性差异,倾听学生的声音,关注学生的需求,让学生在尊重和被尊重中成长。师生之间的相互尊重和信任,进一步促进了教学氛围的融洽。

(二)课程观的转变

过去,教师课程观往往偏向于狭隘的教材解读和知识传授,将教学内容局限于课本之内,缺乏对学科本质和学生需求的深刻理解。然而,在校本课程的建设过程中,教师课程观开始向更加全面和灵活的方向转变。在访谈中,淮河路小学某教师表示:"课程开发使我们重新评价了自己的知识结构和教育认识水平,我们在资源开发过程中,不断修正自己的教育观念,不断提高对教育教学的认识,不断提高自身的专业素养,完成了从片面认识、消极对抗课程开发向全面认识、积极开发课程的转变。从而实现了自身的专业成长。"可见,教师从最初对课程的片面认识和消极对抗,逐渐转变为全面认识和积极开发课程的阶段。通过不断修正教育观念,提高对教育教学的认知和理解,教师们意识到课程设计的重要性,积极参与到课程框架的搭建、活动手册的编写和课程实践的修复中。还有教师表示:"我在参加工作的第一年就参与了学校的课程建设,其实一开始我觉得很有压力,很茫然。后来在和团队的小伙伴们不断交流、研讨的过程中,我了解到自身的短板,读了大量的专业书籍,不断补充自身的知识储备。在课程建设过程中,我通过加强学习,在不断实践和反思中提升了参与课程建设的本领,很有成就感。""我已经参加工作十余年,在参与课程建设过程中,我克服了心理惰性、思维定式、知识单一等弊端,突破自身知识壁垒,除自己的专业领域外,还关注了专业之外的领域,调整并优化了自己的知识结构,创新了教学手段。"不难发现,在课程建设的过程中,教师通过不断补充知识,调整教育观念,提升课程设计与开发能力,实现了从单一知识领域到跨学科的拓展,完成了教学手段的创新。教师不再将课程仅仅视为教学内容的堆砌,而是将其视为学科知识、社会需求和学生发展的有机结合。教师开始深入研究学科本质和教育目标,设计富有意义的教学活动,使学生能够在掌握知识的同时,培养批判性思维、解决问题的能力和创新意识。

三、教师专业能力的提升

(一)教师课程开发能力的提升

教师的课程开发能力是指他们在设计、策划和实施课程时所具备的能力。这种能力要求教师能够有效地设计教学计划和教学活动,包括明确教学目标,选择适当的教学方法和策略,并设计评估方式来评估学生的学习成果,教师还需要与其他教师、专家和学生进行合作,共同推动课程开发的质量和效果。通过不断提升课程开发能力,教师能够提供高质量的教学,促进学生的全面发展。淮河路小学的教师从最初对课程开发的模糊认识,经过专家引领,结合学校文化和育人目标,认真学习现代教育理论和新课程开发相关内容,依托微团队,开展头脑风暴和思维碰撞,大家把自学与培训、研讨与实验有机结合起来,提高了对课程的理性认识,也学会了更多的教育科学研究的正确方法,并能逐步用新课程的教育教学理论来指导自己的课改中的实践活动,提高工作的针对性。以下是淮河路小学教师课程开发的情况。在这些前所未有、高难度的挑战中,淮河路小学教师把握住了这个机遇适应了挑战,在校本课程开发中,他们重视科研创新、知识重构、观念革新,保持了勇猛精进的状态,并不断地成长。

下面呈现的是微团队成员开发的部分特色课程(见表8-2)。

表8-2　微团队成员开发的部分特色课程

课程开发人员	课程名称	课程模块
任丽丽	诚实守信	润心
段海霞	谦虚礼让	
毛淑敏	尊重——成为他人更好的伙伴	
李蕊	严肃细致	
李小镜	一杯奶茶	
许悦	跳绳1,2,3	润体
赵婷婷	挑战不可能	
李玲	挑战极限	
曾乐	运动项目智多星	
梁靓	欧洲之星	润智
姬佳明	动力解密	
于迪	神奇的建筑	
李智慧	脑力游戏	
李辰辉	美洲好莱坞	
张荣霞	家务劳动养成记	润行
吴黛	我们毕业了	
刘利红	上下学,安全行	
陈咨谕	餐桌礼仪	
胡文艳	菜园趣时光	

(二)教师反思能力的提升

在校本课程开发过程中,教师需要进行广泛的研究和探索,涉及课程理念、方法、内容选择与安排、设计编写、评价方式以及学生发展需求和改进方法等方面。这个过程确实可以被看作是一种科学研究的过程，因为教师在其中运用科学的思维和方法，进行问题的发现、分析、概括、提炼，并制定解决策略。在实践教学中，教师需要不断发现问题，并进行深入分析和批判。这种反思的过程有助于教师提高自我反思能力，促使其对教学过程进行自我评估和改善。教师应当培养自我反思的意识，通过分析问题和制定解决策略，不断提升自己的教学水平和教育研究能力。在淮河路小学的课程建设与开发中，我们可以看到教师的研究反思能力都有不同程度的提升。在访谈中，淮河路小学田俊伟教师讲述："我主要负责'健康饮食'这一主题，从开发主题到设计活动手册再到实施活动手册，过程是艰辛的，但也收获颇多。带领五年级孩子'让早餐吃得更健康吧'这一研究性学习，孩子通过调查、访谈等方式发现早餐中存在的问题，并根据自己的兴趣选择想研究的问题进行研究，通过研究了解问题所在，给出解决问题的对策，从而培养学生研究性思维、能力。在提升孩子研究能力的同时，我的科研能力也得到了进一步的提升。"从田老师的言谈中可以明显看出，她参与校本课程开发这一过程后，会深入思考校本生态课程的具体实施。这个过程促使教师不断提升自己的研究能力，并加强了教师对自身教学实践的反思意识。

总之，教师应该站在学生的立场来思考，遵循学生的身心特点，联系生活实际，创设合适的大情境，让学生进入最佳学习状态，是激发学生学习兴趣，萌发求知欲的有效措施。在课堂中和谐愉快的情绪，对学生的学习情趣有着明显的促进作用。大情境的创设既激发了学生学习的兴趣，又调动和满足学生的情感需求，营造了和谐的学习氛围。教学时关注学生情感体验这一非智力因素，使课堂教学始终处于充满兴趣、快乐的氛围中。

可以看出，教师对自己的教学行为进行反思时，将自己的教学活动和课堂情景作为研究的对象。他们会对教学行为和教学过程进行批判和分析，通过回顾和评估教学策略、教学方法和教学资源的使用，以及学生的反应和表现,来总结经验教训并研究教学过程。通过不同形式的教学反思,教师能够更加全面地审视和改进自己的教学实践,不断提升教学质量,帮助他们实现专业发展。

(三)教师科研能力的提升

科研能力是每位教师必备的教师发展素养。这就要求教师要有敏锐的科研洞察力,及时发现教育教学中问题,找准研究问题,实施开展课题研究,总结方法策略是教师在课程开发时积累的宝贵经验。在校本课程建设的过程中,淮河路小学先后邀请市教科所、区教科室相关专家下校指导课程开发项目组的课题研究,加强其他各学科教学中的课题研究,从而提升教师科研能力方面的教师发展工作,表8-3是该校近两年各学科课题研究立项情况:

表8-3　各学科课题研究立项情况

课题成员	课题名称	课题编号
郑晓艳、张瑜、郭雅丽、田俊伟	"双减"政策背景下单元作业评价策略研究	2021-ZYQPZ-039
赵婷婷、方晓芬、段海霞、郭汶锦	"双减"背景下小学语文高段单元整体教学实践研究	2021-ZYQPZ-040
冯晓辉、毛淑敏、张靖悦、杜雨桐	"双减"背景下小学语文作业多元化设计的策略研究	2021-ZYQPZ-041
李蕊、董伟、许静、冯晓鹤	幼小衔接下一年级学生适应性实践研究	2021-ZYQPZ-042
冯利、高雅、胡文艳、徐颖	小学数学单元作业设计研究——以"图形与几何"领域为例	2021-ZYQPZ-043
苏培娟、李文博、张雅静、孙瑞鹤	幼小衔接视角下一年级学生体育课堂适应性实践研究	2021-ZYQPZ-044
冯宇琳、吕晨晨、曹意心、程洁	"双减"背景下小学语文作业多样性设计与实践研究	2021-ZYQPZ-045
彭燕、朱靖祥、贺银霞、刘芳、韩昆鹏	古诗词歌曲在小学合唱社团中的运用策略研究	2021-ZJKYB-X02-084

续表

课题成员	课题名称	课题编号
冯一华、陈莎莎、牛美云、陈怡柔、陈佳飞	小学平面图形深度学习的策略研究	2021-ZJKYB-X02-085
李佳、陈咨谕、陈莎莎、张荣霞、王佳	基于核心素养的小学生数据分析观念培养的实践研究	2021-ZJKYB-X02-086
许悦、赵春枝、李小镜、魏鑫鑫、刘静宇	小学低年级学生运算能力的提升策略研究	2021-ZJKYB-X02-087
张瑜、冯晓辉、郭雅丽、赵婷婷、李蕊	"双减"背景下小学单元作业评价策略研究	2022-ZJKZD-X02-013
朱靖祥、崔立伟、张冰、蔡利霞、李辰辉	"双减"背景下小学四年级英语分层作业的设计研究	2022-ZJKYB-X02-086
张荣霞、徐颖、闫秀娟、田俊伟、王丽	"双减"背景下小学数学高段单元作业设计的研究	2022-ZJKYB-X02-087
卢彦超、许悦、张晗、李小镜、张洁	小学中高年级学生运用估算解决问题策略研究	2022-ZJKYB-X02-088

可以看出,校本课程的建设不仅促进了教师对课程的深入理解和实践探索,也为他们的科研能力提升提供了良好的机会和平台。通过参与校本课程的设计和实施,教师得以深入研究自己所教授的学科领域,不断探索新的教学方法,获取新的教学资源,从而提高了自己的学科专业水平和教学能力。因此,核心素养为本的学校课程建设既是教师个人发展的契机,也是学校教育发展的重要动力。通过不断完善和深化校本课程建设,可以实现教育教学的持续改进和提升,为培养更多有创新精神和实践能力的优秀人才打下坚实基础。同时,我们也应该意识到教师专业发展不仅仅需要教师个体努力,更需要学校组织、政策支持和团队合作的共同努力。在推进校本课程建设的过程中,通过多方共同努力,可以为培养更多具有创新精神和实践能力的优秀人才打下坚实基础,从而推动教育事业的发展。为实现教育的美好未来贡献我们的力量,让我们携手并进,共同开创教育的美好未来!

后　记

深耕一线五年多,这本《核心素养为本的学校课程建设理论与实践路径》终于付梓面世。在教育改革的浪潮中,核心素养的理念逐渐成为各级教育的重要方向,尤其是在学校课程建设过程中,如何在教学实践中落实这一理念,成为广大学者、教育工作者和政策制定者关注的焦点。《核心素养为本的学校课程建设理论与实践路径》一书的出版,正是对这一命题的深入探讨和实践总结。

教育研究与生俱来的"实践性"内在要求,学校课程建设的理论研究必须要深耕一线,扎根实践场域。基于此,笔者带领团队从2018年起,长期耕耘在各地中小学校,深入开展田野调查,把脉每所学校的特色与背景,围绕学生发展核心素养的校本化,以整体主义作为方法论基础,进行课堂教学变革、校本课程开发、学校课程文化建设、教师队伍建设、德育创新等方面的研究,以求全面、系统和科学地构建学校课程体系。可以说,本书就是一份扎根于实践的教育理论研究成果,是一次对教育理论创新研究的有益探索,也是中国特色化课程与教学论的代表性成果。

从实践中来,再回到实践中去。我们以马克思主义理论中国化作为思想指引,突破单一线性化思维,强调课程与教学、教师发展与学校发展、德育与智育等多维度工作的统整与融合。可以说,本书对于一线的教育工作者具有极强的实践操作性。

　　此书得以付梓是多个教育主体共同创新的成果。首先,在此特别致谢郑州市中原区教体局的各位领导,以项目驱动,给予了极大的支持;特别感谢中原区教研室的张贵民主任等各位教研员,全程积极参与本研究并给予了在地支持;特别感谢所有实验学校的校长和老师们,他们以极大的热忱参与了本项目的研究,付出了卓越的智慧和艰辛的劳动。

　　与此同时,书中的每一章节,都凝聚了团队成员无数次的修改、校读与打磨,从最初的构思到最终的成书,每一步都充满了挑战和思考。特别致谢以下参与各章节研究的同学们:施得栋、吴丹颖(第一章),徐芷珊(第二章),赖卿、王婕妤(第三章),沈琳洁(第四章),杨紫琼、李嘉嘉(第五章),许姣、李美玲(第六章),柯雅钰、樊蓉(第七章),谢雨婷、段苏泉(第八章)。此外,还要特别感谢所有参与本书创作过程的工作人员。当然,本书的出版还要特别感谢天津人民出版社的吴丹老师及其团队。他们所参与的每一次讨论,对本书的每一轮修改,都极大地提升了本书的质量。

　　最后,我要致谢所有的读者。没有你们的支持与鼓励,这本书的存在将毫无意义。希望本书能够为你们带来启发和思考,为学校课程建设提供一定的参考。在未来的教育旅程中,我们期待看到更多学校能够从中汲取营养,不断完善学校课程建设,培养出更多具有核心素养、能够适应未来社会挑战的创新型人才。

左璜

2024 年 11 月 26 日